HILOS DE LUZ

DENISE LINN

HILOS DE LUZ

LA GUÍA DEFINITIVA PARA LIMPIAR LOS CORDONES ENERGÉTICOS INVISIBLES QUE BLOQUEAN TU VIDA

KEPLER

Argentina – Chile –Colombia –España
Estados Unidos –México –Perú –Uruguay

Titulo original: *Energy Strands – The Ultimate Guide to Clearing the Cords that Are Constricting Your Life*
Editor original: Hay House UK Ltd.
Traduccion: Camila Batlles Vinn

1.ª edición Junio 2019

Plaza de los Reyes Magos, 8, piso 1.º C y D – 28007 Madrid
www.edicioneskepler.com

ISBN: 978-84-16344-40-6
E-ISBN: 978-84-17780-13-5
Depósito legal: B-14.078-2019

Fotocomposición: Ediciones Urano, S.A.U.

Impreso por: Rodesa, S.A. – Polígono Industrial San Miguel
Parcelas E7-E8 – 31132 Villatuerta (Navarra)

Impreso en España – *Printed in Spain*

Este libro está dedicado a Luann Cibik…
Mi vida es mucho más alegre porque tú estás en ella.

ÍNDICE

PREFACIO

Cuando tratamos de entresacar una sola cosa, comprobamos que está enganchada a todo lo demás en el universo.

John Muir

Hace cincuenta años se alzaba frente al Royal Hawaiian Hotel un gigantesco baniano. Quizá siga allí. Para el turista, formaba parte de una isla paradisíaca. Sin embargo, para quienes tenían el don de verlo, del árbol surgía un gigantesco y resplandeciente cordón de energía que penetraba en el hotel y bajaba hasta el sótano, donde estaba instalado un centro de masaje. Si no sabías que el centro estaba allí, era difícil localizarlo. Sin embargo, prácticamente cada semana entraba alguien afirmando que había seguido ese cordón de energía desde el árbol hasta el *spa*.

Yo trabajaba en ese centro de masaje como masajista con mi maestra, Morrnah Simeona, una *kahuna* (chamana) hawaiana y sanadora tradicional. Me chocaba la cantidad de personas que aseguraban haber contemplado ese fenómeno. «¿A qué se refieren?», pregunté a Morrnah. «Yo no veo unos hilos de luz que fluyan de ese árbol y desciendan hasta el sótano.»

Morrnah respondió amablemente: «Cuando empecé a trabajar aquí, quería atraer a personas que tuvieran sensibilidades afines, de modo que inserté una hebra de energía en el baniano e hice que descendiera hasta este *spa*. Es algo que los antiguos sanadores de mi tradición sabían hacer. Las personas capaces de ver la hebra la seguirían y llegarían al *spa*. No todas podían verla de forma consciente y aparecían diciendo que no sabían por qué habían bajado a mi centro, pero habían sentido algo que las había guiado o inducido a venir aquí».

En efecto, su modesto centro de masaje se había convertido en un próspero negocio, visitado incluso por mandatarios internacionales. Morrnah continuó: «Aunque no puedas ver los cordones, las hebras y los filamentos de energía que nos conectan con todo lo que existe en el universo, no significa que no estén ahí. Algunos nos empoderan y refuerzan nuestra conexión con nosotros mismos y con el Creador; pero otros nos despojan de nuestra energía y nos debilitan. Cuando comprendes la naturaleza de estas hebras, te ubicas en el centro de todo lo que es real e importante en la vida. Sabes permanecer en el centro de la gracia y el poder personal». Sus palabras me llevaron a emprender un viaje para comprender la naturaleza de la energía y la forma en que estamos ligados al universo.

Después de esos primeros años con Morrnah, viajé por todo el mundo —compartiendo muchos ratos con chamanes y sanadores cuyas prácticas estaban enraizadas en la madre naturaleza— para informarme sobre el punto de vista de los nativos respecto de la energía y la sanación. Uno de los rasgos presentes en todas las tradiciones tribales era el conocimiento colectivo de las hebras de energía que nos conectan con el mundo. Cada tradición tenía sus métodos propios para reforzar o cortar esas hebras con el fin de aportar equilibrio a la vida. En este libro, comparto algunos de los métodos que he aprendido a lo largo de los años para ayudarte a hallar una mayor armonía en tu vida mediante el conocimiento de estas líneas energéticas.

Este libro constituye un viaje para ayudarte a percibir los cables, los cordones, las cintas, las hebras, los hilos, las telarañas y los filamentos de energía que fluyen hacia y desde tu persona. Aprenderás a utilizar antiguas técnicas chamánicas para cortar los cordones que te atan y empoderar las hebras que te refuerzan. Es un viaje bendito y sagrado del alma.

Descubrir los cordones energéticos que no te empoderan y cortarlos es un periplo cuyo fin es desprenderte de lo que te limita… y penetrar en el flujo de la vida. Cuando te embarques en esta expedición —y aprendas a reconocer y eliminar los cordones que te constriñen—, te darás cuenta de que ha llegado el momento de liberarte de tus cargas. Cuando eres consciente de las hebras de energía que te impiden ser como eres en realidad, descubres que no hay nadie a quien culpar en tu vida; nadie es culpable; no hay nada que temer; y no hay nada de lo que debas sentirte culpable o avergonzado. No hay nada malo en ti. Eres perfecto como eres. No necesitas ocultar quién eres o anteponer siempre las necesidades de otros a las tuyas. Cuando te relajes y desprendas de lo que te constriñe, comprobarás que todo está bien…, y que siempre lo ha estado. Esta es la profunda energía de este libro.

INTRODUCCIÓN
La profunda verdad sobre las hebras de energía

¿Te ha ocurrido alguna vez, cuando charlabas con alguien, que empezaste a sentir un bajón de energía, mientras la persona con la que conversabas se mostraba más activa y animada? Una posibilidad es que tu energía fluía en un sentido, hacia la otra persona, y en consecuencia tú te sentías agotado..., mientras la otra persona se mostraba revitalizada.

O quizá te has sentido de pronto eufórico, sin ningún motivo aparente. Esto podría significar que alguien con quien has compartido un cordón de amor estaba pensando en ti, y su amor ha viajado a través de la hebra hacia ti. (Este tipo de gratos pensamientos suelen revitalizar tanto al remitente como al receptor.) Estos son algunos ejemplos de cómo las hebras de energía se manifiestan en tu vida.

Este libro te ofrece la oportunidad de averiguar qué hace que tu energía aumente o disminuya. Aprenderás a desprenderte de lo que no es útil en tu vida y a proteger tu energía. El alma ama la verdad, y el camino a la verdad es permanecer fuerte dentro *tu propio* campo energético. Descubrirás cómo conseguirlo mediante los ejercicios que te presento aquí.

Escribir este libro me supuso un dilema. Por un lado, una parte de mí no cree en cortar cordones y utilizar métodos psíquicos de protección, porque eso contribuye a la falsa ilusión de que estamos separados unos de otros. Pero otra parte de mí —la que se ha formado con gentes de culturas nativas que emplean métodos para proteger la energía— ha visto la devastadora falta de energía que puede producirse debido a ataques psíquicos y de personas que absorben la energía de los demás.

El desafío al que me enfrentaba era que deseaba compartir unos métodos de limpieza y protección que te resultaran útiles en tu vida, pero no quería contribuir al concepto equivocado de que todos estamos aislados unos de otros. Quería que las personas que leyeran mi libro abrazaran la vida con los brazos abiertos sabiendo que, cuando fundes la escoria en cualquier corazón humano, hallas oro puro. Temía que al compartir técnicas de protección de energía pudiera inducirte a ver el mundo como un lugar temible en el que hay que proceder con cautela para evitar que otros te lastimen.

Por fin, decidí seguir adelante y enseñarte lo que he aprendido a lo largo de toda una vida tratando con campos energéticos. Periódicamente, compartiré amables recordatorios de quiénes somos desde el punto de vista espiritual. Lo hago porque es verdad: tú no eres un ser separado del universo que te rodea. Desde un punto de vista divino, no existe nada en el mundo contra lo que debas protegerte. En el sentido más profundo, todo eres tú.

Este libro es para los momentos en que olvidas quién eres. Y, en tanto que humanos, olvidamos continuamente quiénes somos. Me ocurre a mí. Te ocurre a ti. Nos ocurre a todos. Forma parte de nuestra naturaleza. Cuando lo olvidamos, creemos que estamos separados unos de otros y del universo. En esos momentos en que lo olvidamos conviene que seamos conscientes de ello y aprendamos a soltar las hebras supuestamente negativas y a expandir las supuestamente positivas.

Desde un punto de vista sagrado, no hay nada en el mundo que pueda lastimarte realmente. Yo misma lo experimenté una vez, cuando mis médicos pensaban que estaba muerta después de ser víctima de un tiroteo casi mortal. Fue una experiencia muy profunda..., y real. Penetré en un lugar iluminado por un resplandor dorado que comprendí sin la menor duda que era mi verdadero hogar. Me resultaba familiar. Sentí que ya había estado allí; es más, tuve la sensación de que no lo había abandonado nunca. Mi vida en la tierra era como un sueño en el que imperaba la falsa ilusión de que todos estamos separados unos de otros.

En esa esfera iluminada por un resplandor dorado, en la que penetré mientras los médicos trataban de reanimarme, recordé lo que siempre había sabido, pero había olvidado: no existe nada en el universo que no seamos nosotros.

La esfera en la que penetré era muy real. La visión de la realidad era muy distinta de cómo había experimentado hasta entonces la vida en la tierra, pero me resultaba familiar. Mis 17 años de vida hasta ese momento parecían una historia, y lo que experimenté en esa esfera celestial parecía ser la verdad auténtica.

Quizá te parezca que esto no tiene ningún sentido, pero cuando los médicos pensaron que yo había muerto, recuerdo haber abandonado mi cuerpo y ser parte de todo. No había límites. Yo formaba parte de todos los seres y toda la vida. Tú también estabas allí. Todos estábamos allí. Todo habitaba dentro de mí, al igual que dentro de ti. Comprendí que todos éramos una sola cosa.

Tú eres parte de todas las cosas. Eres la montaña coronada de nieve en el Tíbet. Eres el aliento de un niño recién nacido en Sudán. Eres el aire puro del Ártico y el *smog* de Los Ángeles. Eres la energía mística de un santo y la furia de un pandillero. Tú eres todo. Yo soy todo. Pero solo en un estado de elevada consciencia (o cuando estamos casi muertos, como en mi caso) alcanzamos a tocar esta verdad.

Aquí, en nuestra existencia terrenal, creemos que los demás pueden lastimarnos..., y pueden hacerlo porque lo creemos. Creemos que los ataques psíquicos y los vampiros energéticos que nos succionan la energía pueden dejarnos sin fuerzas… y pueden hacerlo, porque lo creemos. No solo se debe a nuestras creencias individuales. Cuando tropezamos, cuando caemos rodando por la escalera y nos hacemos daño, es real, y cuando alguien lanza una emoción negativa hacia nosotros, el dolor que sentimos es real. Por el mero hecho de que somos humanos, formamos parte de un inconsciente colectivo que cree que estamos separados de la vida que nos rodea y que la vida que nos rodea puede perjudicarnos y lastimarnos, y por tanto lo hace.

Cuando regresé del otro lado, recordé la verdad de que todos formamos parte de lo mismo y no estamos separados del universo. Sin embargo, esta verdad era solo un recuerdo. Cuando penetré de nuevo en mi cuerpo, me enganché automáticamente a nuestro continuo espacio-tiempo. El agravio más insignificante me ofendía. Seguía temiendo que me hicieran daño. Cuando alguien me hería me ponía furiosa. Algunas personas seguían despojándome de mi energía. El recuerdo de la verdad no bastó para disminuir la sensación de agotamiento.

Te ofrezco esta perspectiva confiando en que, cuando aprendas a proteger tu campo energético y descubras cómo eliminar las influencias negativas que se adhieren a ti mediante los cordones energéticos de otras personas, seas consciente de que, a niveles muy profundos, todo eres tú: cada hebra, cada conexión, cada estrella y galaxia.

Cuando tienes la sensación de que alguien succiona tu energía, en realidad es la parte de ti que existe en esa otra persona la que te despoja de energía. Cuando tienes la sensación de que alguien restituye tu energía, en realidad es la parte de ti que habita en la otra persona la que restituye tu energía.

Como humanos, percibimos la esfera cósmica como *ahí fuera*, como un remoto lugar en las estrellas. Cuando pensamos en ese lugar más allá de la muerte alzamos la vista al cielo. Pero lo cierto es que *está aquí.* Existe aquí…, dentro de mí y dentro de ti. Al igual que puedes sintonizar distintas emisoras de radio —para escuchar desde jazz hasta música rock—, excluyendo otras cuando sintonizas una emisora, el lugar que llamamos cielo —el lugar donde no estamos separados unos de otros— es una esfera que existe *aquí y ahora.* Se trata, simplemente, de sintonizarla. Tú eres un ser expansivo formado por ondulantes frecuencias, que existe por doquier y en todas partes al mismo tiempo. Pero aquí en la tierra has sintonizado —como hacemos todos— con la emisora cósmica de la separación.

Aun sabiendo esto, sin embargo, es natural que te protejas cuando creas que debes hacerlo. Es natural que cortes los cordones que te ligan a otros que te roban tu energía. De hecho, no solo es natural que lo hagas, sino *necesario* a fin de permanecer en tu propia luz y alcanzar un estado superior de consciencia. No obstante, cuando cortes esos cordones, te recomiendo que bucees en tu interior para localizar el lugar donde habita el transgresor. Honra esa parte de ti. Atesórala…, para minimizar las probabilidades de que en el futuro atraigas esas ataduras negativas.

Quizá te preguntes: «¿Cómo puedo amar y atesorar una parte de mí donde habita un maltratador o un drogadicto? Estos son algunos de los cordones de otros que deseo cortar. No puedo atesorar estas cosas». En le medida en que juzgas y reprimes lo que se denomina «la sombra del yo», así es como atraes este tipo de cosas indeseables que se adhieren a ti. Y si no puedes atesorar estas cosas, en lugar de juzgarlas conviértete en el observador sagrado. Si eres capaz de *observar* un patrón perjudicial, puedes eliminarlo; si lo *juzgas*, se adhiere a ti. Lo que juzgas con dureza, lo atraes. Por extraño que parezca, tus juicios de valor refuerzan los cordones entre tú y lo que juzgas.

Jerry asistió a uno de mis eventos; durante la pausa, se acercó a mí y en el transcurso de nuestra conversación mencionó que todas las mujeres son pésimas conductoras. Dijo que prácticamente todos los días se topaba con una conductora que hacía un adelantamiento indebido o había estado a punto de chocar con él. No se le había ocurrido que esa dura crítica y creencia atraía a las malas conductoras. Era como si de él fluyera un cordón energético que se extendía y abría paso a través de la ciudad hasta dar con una mala conductora, a la que enganchaba y atraía hacia él. Así es como las hebras de los juicios de valor funcionan. Nuestra necesidad de estar en lo cierto sobre nuestros juicios de valor es tan fuerte que inconscientemente nos convertimos en un imán de experiencias que confirman nuestras creencias, como Jerry respecto de las mujeres conductoras.

El desafío reside en que es difícil aceptar e incluso abrazar cosas que crees que son injustas o perversas, pero si eres capaz de observarlas —con imparcialidad— resulta más fácil eliminar esos cordones negativos de tu campo energético. En última instancia, aceptar y atesorarte a ti mismo en todas tus vertientes sin vacilar y sin reservas es un viaje del alma, y en las páginas siguientes descubrirás cómo hacerlo.

La mayoría de mis libros ofrecen la posibilidad de buscar en ellos determinada información de modo no secuencial. Puedes tomar algo de aquí y de allá. Sin embargo, en *Hilos de luz* la información sigue un orden específico. En el primer capítulo, descubrirás en qué consisten las hebras de energía y qué cordones energéticos se adhieren a ti. Descubrirás qué tipo de hebras fluyen entre tú y tus amigos, parientes, conocidos y ancestros, así como las que fluyen hacia y desde tus amantes, pasados y presentes. También averiguarás en qué consisten las hebras de sueños, los fantasmas, las conexiones astrales, los chakras, los cuerpos celestiales y demás.

En el capítulo 2, descubrirás algunos de los efectos que tus hebras pueden tener sobre tus emociones y tu salud y obtendrás valiosa información acerca de los vampiros energéticos, los ataques psíquicos, los lazos energéticos procedentes de personas tóxicas y la forma en que la energía residual y predecesora puede afectar tu bienestar. Asimismo, aprenderás a utilizar los métodos de radiestesia y exploración para descubrir qué hebras influyen en ti..., tanto en tu cuerpo como en tu casa.

En el capítulo 3 propongo métodos muy específicos y eficientes para cortar y soltar cualquier cordón que te perjudica o debilita. Son métodos muy potentes cuya eficacia ha quedado probada con el paso del tiempo.

El capítulo 4 te ofrece información poco conocida sobre protección y cuándo utilizarla. También aprenderás métodos paso a paso para sellar y proteger tu campo energético, y cuándo conviene o no conviene utilizarlos.

Por último, en el capítulo 5 aprenderás cómo revitalizar, reforzar y establecer cordones de comunión, amor y alegría, y cómo reforzar tus lazos sagrados con el universo. Descubrirás numerosas formas de crear un espacio sagrado en tu hogar para convertirlo en un santuario..., a fin de impedir que toda hebra que no sea espléndida y vibrante fluya hacia ti y a través de ti.

Observarás que a menudo repito mensajes similares, aunque empleando distintas palabras. Quizá leas en este libro cosas que has leído en otros libros míos. No es casual. La repetición es la madre del saber. También es una forma muy tradicional de enseñar. Buena parte de mis conocimientos proviene de culturas nativas, y la sabiduría y las historias recogidas en estas culturas son relatadas una y otra vez, si bien de forma algo distinta. Según dicen, es la mejor forma de aprender.

Cuentas con mi amor y mi apoyo en este viaje que te dispones a emprender. Es una odisea bendita y sagrada del alma.

1

COMPRENDER LAS HEBRAS DE ENERGÍA

Nosotros, con nuestras vidas, somos como islas en el mar,
o como árboles en el bosque. El arce y el pino se susurran el uno
al otro con sus hojas… Pero las raíces de los árboles también
pueden confraternizar en la oscuridad bajo tierra, y las islas
pueden visitarse a través del fondo marino.

William James

Es parte de la naturaleza humana que establezcamos apegos con otras personas y con los objetos. (Quizás empieza cuando nacemos unidos a nuestra madre por el cordón umbilical.) Nuestros lazos indican que estamos conectados con el mundo que nos rodea. La percepción subconsciente de estas líneas de conexión es evidente en las expresiones que utilizamos: «sentirnos atados», «ataduras que nos impiden avanzar», «cortar lazos». A un nivel profundo, sentimos las hebras de energía que nos conectan al mundo que nos rodea, aunque no podamos verlas. *Son reales.*

Las hebras energéticas son líneas invisibles —aunque muy reales— de energía y comunicación que nos conectan con personas, lugares y objetos. La energía puede fluir y refluir a través de estos vínculos. Estas hebras, cordones, filamentos, hilos y cuerdas que nos conectan con el mundo que nos rodea pueden ser delgados y transitorios, o fluir como un río caudaloso, e incluso pueden provenir de nuestro pasado y perdurar a lo largo de varias vidas.

Las emociones intensas, como el amor y el temor, viajan rápidamente a través de estos enlaces; el dolor físico, el placer físico, los conocimientos y la sabiduría también pueden transmitirse a través de ellos.

Algunos de estos lazos energéticos son beneficiosos: nos permiten sentirnos dinámicos y vivos. Otros no son tan útiles: nos despojan de nuestra energía y nos debilitan. Cuando dos personas interactúan, se forman unos cordones energéticos entre ellas. Estos cordones energéticos pueden hacernos sentir revitalizados o agotados. A veces puedes perder energía a través de un cordón. También puede ser el medio a través del cual una persona obtiene información sobre ti, o incluso —de una forma nociva— te controle y manipule. La mayoría de las personas no son conscientes de estos cordones energéticos, pero pueden percibirlos a un nivel subconsciente. Algunos videntes y médiums pueden ver estas hebras de energía, que suelen extenderse de plexo solar a plexo solar, aunque pueden adherirse a cualquier parte del cuerpo. Cuanto más intensa es la conexión emocional entre dos personas, más fuerte es el cordón. Los cordones energéticos nos permiten *percibir* a otra persona, aunque se encuentre a miles de kilómetros de distancia. A veces podemos incluso podemos sentir lo que otra persona siente o piensa a través del cordón. Las hebras de energía pueden unir a dos personas y hacer que les resulte difícil separarse cuando una relación deja de ser constructiva. También existen cordones energéticos que nos conectan con lugares.

En las culturas occidentales, la mayoría de las personas saben muy poco sobre las hebras de energía que las conectan con otras personas y lugares. Ven el mundo como algo que contiene cosas separadas e inconexas. No se consideran parte de todas las cosas, sino algo aislado y más grande que todo lo demás. No son conscientes de que, desde (y hacia) cada acción, cada persona y cada objeto fluyen filamentos que las conectan con el resto del mundo.

Sin embargo, las gentes pertenecientes a culturas del pasado cuyas prácticas estaban enraizadas en la tierra conocían la esfera íntima y extraordinaria de la energía. Sabían cómo sentir las hebras que mejoraban su vida y cómo reducir y desprenderse de las que no lo hacían. En muchas culturas existe la creencia de que los humanos tenemos unos filamentos energéticos que nos conectan con la tierra además de a unos con otros. Creen que, si viajamos demasiado lejos, los cordones que nos conectan con la tierra se expanden demasiado, haciendo que nos debilitemos e incluso enfermemos. La idea de que estamos profundamente conectados y ligados a la tierra por medio de nuestros cordones es una creencia que sostienen numerosos pueblos indígenas en todo el planeta.

En este libro aprenderás lo que los antiguos sanadores han sabido siempre: que vivimos en un universo de energía, y que esta energía influye en ti y te afecta en todo momento. Aprenderás métodos tradicionales para reivindicar tu energía personal, a cortar las hebras que te ligan a relaciones tóxicas y a eventos de tu pasado y a mantener tu campo energético limpio. Asimismo, descubrirás la conexión entre las hebras de energía y el inconsciente colectivo, tus chakras (los centros de energía ubicados en el cuerpo), guías, ángeles, el cosmos y el Creador. Descubrirás lo que los filamentos de energía que te conectan con cada objeto en tu casa tienen que ver con mantener los campos energéticos limpios. También descubrirás qué hebras sustentan tu destino y cómo desprenderte de las que te impiden avanzar.

¿QUÉ SON LAS HEBRAS DE ENERGÍA?

Yo denomino los cordones energéticos que nos conectan con el universo que nos rodea «hebras de energía», y también «hebras de afinidad», porque la energía de las personas, los lugares y los objetos no puede adherirse a ti a menos que exista una afinidad; o dicho de otro modo, a menos que existan unas frecuencias concordantes. Esta es mi definición de «afinidad»: *una atracción natural a una persona, un objeto, una idea, etcétera; una semejanza o concordancia inherente; también significa un estrecho parecido o conexión. En el ámbito de la química, la afinidad es la fuerza en virtud de la cual los átomos se mantienen unidos*. En este libro empleo el término de forma que puede referirse a una afinidad «positiva», lo que significa que puede incrementar tu energía, o una afinidad «negativa», que te despoja de energía. Estas hebras pueden ser extremadamente delgadas, como microfilamentos o telarañas, o pueden ser grandes y fuertes como unos gruesos cordones energéticos. Pueden ser flexibles, fluidas y suaves, o pueden ser rígidas y aparentemente inamovibles. Pueden ser hilos transparentes, iridiscentes y llenos de luz o pueden ser opacos, viscosos, densos y turbios.

Las hebras de energía no son solo cordones etéricos y astrales de conexión entre personas, eventos, lugares y objetos; constituyen también una senda para enviar y recibir subconscientemente energía e información a y desde las personas, los lugares, los eventos y los objetos que nos rodean. Así es como funcionan entre las personas: cuando estableces una relación con alguien (en un sentido negativo o positivo), se forman unos dúctiles filamentos de energía que te ligan a la otra persona y ella a ti, de modo que ambas os transmitís información, emociones y frecuencias energéticas.

En muchos casos, las personas muy intuitivas y los chamanes de culturas nativas son capaces de ver o sentir estas hebras. En algunos casos las hebras emanan del plexo solar, como ya he mencionado; otras veces irradian de otras zonas del cuerpo, como el área del tercer ojo, la parte superior de la cabeza, el área del chakra del corazón e incluso el chakra raíz, que se encuentra junto a la base de la columna vertebral. Las hebras pueden ser de distintos colores, texturas y tamaños. Las hebras que se forman cuando dos personas se enamoran suelen ser grandes, radiantes y transparentes, y se extienden del chakra del corazón del uno al chakra del corazón de la otra. El color puede ser azul o verde e incluso rosa y dorado, pero siempre son colores vivos. Sin embargo, cuando una persona está resentida con otra, las hebras entre ambas pueden presentar un color verde guisante turbio o un gris parduzco, y los cordones suelen ser delgados y fibrosos.

Puedes sentirte revitalizado o agotado por la energía que fluye entre tú y otra persona. Del mismo modo que el océano fluye y refluye, a veces transmites energía y otras la recibes a través de tus cordones, y a veces tú y otra persona transmitís y recibís energía al mismo tiempo.

Si después de conversar con alguien te sientes agotado y decaído, pero la otra persona se muestra animada y revitalizada, esto podría deberse a una fuga de energía a través de las hebras. Dicho de otro modo, la energía ha fluido de ti hacia la otra persona, pero esta no te la ha devuelto: ha sido un viaje sin retorno. Por consiguiente, después de la conversación te has sentido agotado.

Existen hebras energéticas que te conectan con prácticamente todas las personas con las has mantenido una relación. En ocasiones estas hebras son tan delgadas que apenas son un susurro, y otras se asemejan a una autopista en Los Ángeles. A través de las hebras puede fluir en ambos sentidos información, energía, sentimientos amorosos y pensamientos tóxicos. Por ejemplo, puedes tener el mismo pensamiento o la misma emoción al mismo tiempo que una persona con la que estás conectado a través de los cordones, o puedes ir al mismo lugar que ella en el mismo momento, o comprar el mismo objeto, o saber intuitivamente qué hace o siente esa personas. Cuando el cordón es fuerte, aunque la otra persona se encuentre en el otro extremo del mundo, eres consciente de sus emociones, su dolor físico o sus pensamientos... porque estáis unidos por las hebras. En algunos casos las hebras de energía pueden crecer y consolidarse más, aunque tú no mantengas contacto físico con esa persona. Puedes sentir sus emociones como tuyas e incluso sus pensamientos como si fueran tuyos, en especial si la persona es una remitente potente y/o tú un receptor abierto. (Es importante saber si las emociones que sientes son tuyas o si provienen de alguien con quien estás conectado mediante los cordones energéticos. En este libro aprenderás a descifrar qué emociones y pensamientos son tuyos y cuáles no lo son.)

¿Te has encontrado alguna vez con una persona conocida cuando ambos os hallabais muy lejos de donde vivís? Por supuesto, este encuentro podría ser fortuito, pero también podría deberse al tirón de los cordones que os atraen el uno al otro. Cuando estáis juntos, las corrientes de energía entre vosotros se refuerzan e incluso actúan como imanes que os atraen. Cuantas más emociones estén implicadas en la relación, más fuerte es la atracción. (Las emociones negativas a menudo crean una atracción incluso más fuerte que las emociones positivas.) Cuanto más tiempo hace que conoces a una persona y más unido estás a ella, más gruesas y fuertes son las hebras. Si hace años que no mantienes contacto con una persona, las hebras entre tú y ella pueden estar fláccidas e inactivas; pero cuando estáis cerca el uno del otro (o mantenéis contacto telefónico, por carta o Internet), las hebras se activan y refuerzan, e incluso pueden uniros.

La mayoría de de las personas no son conscientes del efecto que las hebras de energía tienen en su vida y su bienestar. En este capítulo aprenderás todo lo relativo a la energía y descubrirás qué filamentos, cintas, hebras y cordones te conectan al mundo que te rodea. En capítulos sucesivos aprenderás cómo cortar los cordones que te despojan de energía y potenciar los cordones que te refuerzan.

TRES PRINCIPIOS (SOBRE LA ENERGÍA) APLICABLES ABSOLUTAMENTE A TODO

Para adquirir un conocimiento más profundo de las hebras que nos conectan con el universo que nos rodea, conviene descubrir algunas cosas sobre la naturaleza de la energía en general. Existen tres principios aplicables a los cordones energéticos y absolutamente a todo. Estos tres principios están presentes en todo lo que explorarás referente a la energía que fluye de ti y hacia ti.

1. Todo se compone de una energía que cambia sin cesar.
2. No estamos separados del mundo que nos rodea.
3. Todo tiene consciencia.

1. Todo se compone de una energía que cambia sin cesar

Las gentes que vivían en antiguas culturas cuyas prácticas estaban enraizadas en la tierra sabían que todas las formas de vida —desde las nubes hasta los árboles, desde el búfalo que deambula por las grandes llanuras hasta las montañas y las piedras— eran patrones de una energía transitoria que gira sin cesar. Es un concepto que se remonta a tiempos primigenios en clanes nativos a lo largo y ancho del mundo. La idea que impera hoy en día de que el universo es fijo y rígido es diametralmente opuesta a esta percepción ancestral fundamental.

Estamos inmersos en un océano de energía que fluye y se mueve en ondulaciones constantes y cambiantes a través del tiempo y el espacio. Toda vida es energía. Los físicos sostienen que los átomos y las moléculas —incluso en objetos que parecen sólidos— están en constante movimiento. Debajo de la superficie de objetos fijos —que existen en un río de tiempo lineal— hay una esfera de energía que gira, se disuelve y se forma de nuevo.

Existe una armonía innata y un orden cósmico aparente en todo lo vivo, conforme las ondas de energía y los electrones giran vertiginosamente apareciendo y desapareciendo. El mundo que nos rodea (y que está dentro de nosotros) constituye una interacción de estos patrones de energía en una relación que fluye sin cesar. Es una danza de dos fuerzas opuestas pero armoniosas en el universo: el yin y el yang, misterio y forma, un drama infinito pero atemporal que obedece a un claro patrón de oscuridad y luz.

2. No estamos separados del mundo que nos rodea

En nuestra alocada carrera tecnológica, hemos olvidado el concepto primordial de que todas las criaturas y todas las cosas en nuestro planeta están conectadas entre sí. Hemos olvidado que estamos conectados dentro de un universo rebosante de vida que pulsa con intensidad espiritual. Hemos olvidado que todos los seres y todas las cosas tienen un espíritu consciente y todos somos manifestaciones de una energía pura que fluctúa sin cesar.

A fin de regresar a una visión de la realidad conectada —tan innata y natural en ti como tu conexión con tu madre cuando te hallabas en el útero materno—, es esencial recordar que no hay nada ahí fuera que no seas tú. Debido a la forma lineal con que percibimos la realidad, no podemos asimilar esto plenamente a un nivel intelectual.

En cada uno de nosotros late un anhelo, una añoranza y un recuerdo de ese exquisito lugar de unidad y unión más allá del tiempo y el espacio. No podemos comunicarlo de forma verbal ni escribir sobre ello clara y detalladamente. Sin embargo, en nuestro fuero interno todos somos conscientes de ello.

Muchas de las dificultades que la gente experimenta en el mundo moderno se deben a una creencia errónea: la idea de que somos seres separados, que no estamos íntimamente conectados a nuestro planeta y sus animales y árboles. En la cultura occidental creemos que estamos separados unos de otros, y a veces estamos incluso divorciados de nosotros mismos.

La creencia occidental de que podemos existir con independencia de nuestro entorno es una quimera que puede tener graves consecuencias para nuestra salud y nuestra felicidad. Esta creencia es la que hace posible la epidemia de contaminación global, odio, guerras, codicia y muchas otras lacras que llenan nuestros periódicos y perturban nuestro sueño. Y, debido a esta creencia colectiva sobre estar separados, a menudo nos resulta emocionalmente difícil sentir nuestra conexión con cosas fuera de nuestro ámbito particular.

Sin embargo, en estos momentos es esencial no solo que expandamos nuestra consciencia del yo a nuestro entorno personal, sino que ampliemos nuestro sentido de identidad más allá de los límites del tiempo y el espacio para abarcar no solo nuestro hogar, sino también nuestra comunidad y nuestro planeta.

3. Todo tiene consciencia

Los miembros de culturas nativas comprenden lo que pocas personas de las culturas occidentales saben. Reconocen no solo que el universo que nos rodea es un vasto campo energético que fluye sin cesar con el que estamos en íntimo contacto, *sino que todo en el universo tiene consciencia*. Incluso los escépticos más recalcitrantes convendrían en que los animales son seres conscientes. Y la ciencia moderna ha demostrado que las plantas tienen un propósito y responden a los campos energéticos de los humanos. Sin embargo, no menos conscientes son las piedras, las montañas y los ríos. Los antiguos nativos lo sabían bien; rogaban al espíritu del mar que los bendijese antes de embarcarse en una expedición de pesca, daban las gracias a las plantas cuando las cogían y a los animales, cuando los cazaban, por ofrecerles el don de sus vidas. No creían que la tierra que pisaban fuese algo inanimado: la Tierra era la Madre. Le daban las gracias, y le pedían perdón antes de excavar sus entrañas, porque estas culturas cuyas prácticas estaban enraizadas en la tierra sabían que todo estaba vivo.

A partir de estos principios, la conclusión natural es que:

1. Nos componemos de campos energéticos que se transforman sin cesar.
2. No estamos separados del mundo que nos rodea.
3. El mundo que nos rodea (y está en nuestro interior) está vivo y tiene consciencia.

Cuando eres consciente de que no hay nada ahí fuera que no seas tú, es mucho más fácil comprender y eliminar las hebras que no deseas.

Como nota al margen, quiero mencionar que, aunque a veces las hebras son consideradas líneas de energía, existe una forma más profunda de percibirlas. El motivo de que las percibamos como hebras es porque nos permite definir algo que esencialmente es indefinible. Del mismo modo, los chakras suelen describirse como bolas de energía coloreadas, aunque son más vagas y menos definidas. Los colores del aura y los chakras con fluidos y cambian constantemente, pero nos resulta más fácil percibirlos cuando pensamos en unas bolas de energía coloreadas. Esto es comparable con el hecho de que en muchas culturas se otorga a Dios una forma física, porque resulta más fácil identificarse con él/ella. Es difícil identificarse con algo inaprensible que está por doquier. De modo que no te desanimes si no «ves» las hebras y los cordones que te conectan con todo lo que hay en el universo. Su visualización es una especie de metáfora para ayudarte a comprender cómo y por qué funcionan. Y cuando los imaginas como cordones es también más fácil que los métodos utilizados para cortar cordones y eliminar hebras den resultado y, por ende, que tu vida goce de más bendiciones, gracia y amor.

A continuación aprenderás por qué estos singulares y extraordinarios cordones y hebras influyen en tu energía y, por consiguiente, afectan tu vida. Cuando descubras a qué estás ligado, quizá debas examinar tu vida para averiguar si una determinada hebra de energía te está afectando.

¿A QUÉ ESTÁS APEGADO?

De cada uno de nosotros emanan grandes flotillas de hebras de energía hacia el universo que nos rodea. No estás aislado del mundo que te circunda; estás ligado a todo él. *A todo él.*

Tienes hebras que te ligan a tus padres, hermanos, hijos, bebés que no llegaron a nacer, amigos de la infancia, parejas sexuales, jefes y colegas difíciles o maravillosos, y a veces incluso líderes espirituales, terapeutas y sanadores. Puedes crear cintas o filamentos que te conectan a personajes públicos, celebridades, políticos, conocidos y vecinos. Asimismo, hay hebras que te conectan con tu hogar y todos los objetos que contiene, con tus animales aliados, mascotas pasadas y presentes, vidas pasadas, ancestros, lugares en el mundo donde has vivido, casas en las que has habitado y donde naciste, las estrellas y la luna, tus guías, ángeles, el Creador e incluso ideas y conceptos. No vives aislado; todo influye en ti y tú influyes en todo momento en el mundo que te rodea.

Hebras familiares

De bebé en el útero materno, estabas ligado —a través de tu cordón umbilical— a tu madre. Había una unión física, pero también una conexión energética que se prolongó más allá del momento en que el cordón umbilical fue seccionado. Por eso una madre sabe que su bebé está en apuros aunque ella se encuentre en otro lugar. Los cordones suelen ser muy fuertes y no importa lo lejos que se halle la madre del niño, porque en esos primeros años el cordón se expande y la distancia carece de importancia. Entre el niño y la madre fluye una energía emocional. Poco a poco, a lo largo de los años, los cordones disminuyen e incluso pueden disolverse, a medida que el hijo se hace más independiente y autosuficiente.

En algunos casos, sin embargo, ni la madre ni el hijo cortan el vínculo que les une y la relación puede seguir siendo de apoyo, cariño y cercanía, o la madre o el hijo sufren cuando entre ellos fluyen emociones menos positivas. Por ejemplo, quizás experimentes una sensación de agotamiento cuando estás con tu madre, por lo que decides trasladarte a otra parte del país para ser independiente, pero de alguna forma sigues sintiéndote falto de energía, en especial después de mantener contacto con tu madre. Aunque hayáis permanecido 40 años separados, viviendo en lugares distintos, un miembro de la familia puede seguir despojándote de energía. Esto sucede porque, aunque las hebras se hayan vuelto gruesas y viscosas, siguen extendiéndose entre ambos, al margen de dónde vivas tú y la otra persona. Esas mismas hebras de tu madre pueden estar también llenas de amor, y la energía que fluye a través de ellas puede seguir apoyándote con dulzura a través de los altibajos de la vida. Esto puede suceder también con las hebras que se extienden entre miembros de una familia, sea cual sea el parentesco que les une; sin embargo —debido a la conexión umbilical—, las hebras iniciales suelen ser más fuertes entre madre e hijo.

Está demostrado que una persona puede tener lazos energéticos que la conectan con sus padres, *aunque no los conozca y sus progenitores hayan muerto*. Niños que fueron adoptados, aunque no sepan nada sobre sus padres biológicos, pueden tener una conexión con sus padres biológicos e incluso con sus padres adoptivos mediante los cordones energéticos. Curiosamente, cosas como preferencias en materia de comida, e incluso tendencias religiosas, pueden transmitirse a través de estos hilos energéticos. Las hebras entre hermanos gemelos son especialmente fuertes. A menudo, aunque estén separados por muchos kilómetros, saben lo que el otro siente e incluso lo que piensa. Dependiendo de la dinámica familiar, este tipo de cordones pueden empoderar o debilitar a una persona. Cuando los cordones familiares son transparentes y vibrantes, las hebras que conectan a miembros de esa familia pueden proporcionar un apoyo emocional y energético reconfortante y sanador. Cuando los cordones están inactivos son opacos y densos, ocurre lo contrario. Dicho de otro modo, *tu familia te acompaña adonde quiera que vayas*.

Los traumas pueden transmitirse a través de los cordones energéticos familiares, y recientes estudios confirman la transmisión de traumas a lo largo de varias generaciones. En 2016, la revista científica *Biological Psychiatry* publicó un artículo titulado «Efectos intergeneracionales inducidos por la exposición al Holocausto sobre el gen FKBP5 mediante la metilación del ADN», demostrando que los traumas pueden transmitirse a través de los genes. La doctora Rachel Yehuda, directora del departamento de Estudios de Estrés Traumático llevados a cabo en el hospital Monte Sinaí, dirigió un estudio en el que su equipo entrevistó y practicó análisis de sangre a 32 grupos de supervivientes de un trauma y a sus hijos, focalizándose en un gen denominado FKBP5. Los investigadores observaron lo que se llama un «cambio epigenético»: no se trata de un cambio en el propio gen, sino un cambio en el marcador químico adherido a él. Por ejemplo, en la primera generación, la de los supervivientes de un trauma (como el Holocausto, la catástrofe del 11 de Septiembre o el huracán Katrina), se observa una adaptación o respuesta genética al terrible suceso. Sin embargo, en la segunda generación, que no experimentó ningún trauma similar, se observa el mismo cambio genético. La doctora Yehuda explicó que, cuando examinaron a los hijos de los supervivientes, estos presentaban también un cambio epigenético en el mismo lugar en un gen relacionado con el estrés. Desde una perspectiva espiritual, el trauma que se transmite a través de los genes fluye también a través del cordón energético familiar y afecta a sucesivas generaciones.

Una de mis clientas, Laurie, me contó que de niña sentía siempre una agitación irracional en presencia de una persona con uniforme. Y cuando viajaba, era presa del pánico cada vez que alguien le pedía que mostrara sus documentos. Dijo que no se explicaba el motivo de estos dos hechos tan predominantes en su vida hasta que mantuvo una conversación con su abuela (su «Oma»).

Su Oma había sido una niña en la Alemania nazi, pero siempre se había negado a hablar de esa época con sus hijos y sus nietos. Oma vivía en el otro extremo del país y no mantenía relación alguna con el padre de Laurie, por lo que de pequeña esta había visto a su abuela en contadas ocasiones y apenas sabía nada sobre ella. No obstante, durante una conversación íntima, su abuela le contó que, aunque habían pasado muchos años, le seguía espantando la posibilidad de que unos hombres de uniforme la apresaran. Compartió con Laurie el terror que había sentido de niña cada vez que tenía que mostrar sus papeles (que eran falsos). No había terminado en un campo de concentración, pero el trauma de esa época aciaga había permanecido con ella durante décadas. En este caso, el trauma y el temor que había experimentado su abuela se habían transmitido a través de los cordones energéticos familiares y sin duda explicaban los temores que atormentaban a Laurie. Después de cortar algunos cordones, su persistente temor en presencia de hombres de uniforme y su angustia cuando tenía que mostrar sus documentos desaparecieron por completo. Tú puedes cortar el cordón de un patrón y al mismo tiempo mantener el cordón de afinidad con una persona a la que quieres.

Las hebras familiares pueden tener un marcado efecto sobre tus emociones, incluso a distancia. No obstante, esta influencia puede ser aún más potente cuando estás cerca. Cuando alguien —un progenitor al que no has visto desde hace tiempo o un examante— entra en tu vida, una hebra que ha permanecido enroscada y seca en un rincón puede tensarse de pronto y adquirir fuerza. Es como una planta que no ha sido regada en mucho tiempo y está mustia..., y de golpe, cuando la riegas, se endereza y reanima. Aunque haga mucho tiempo que no ves a una persona, no significa que no exista un cordón que te conecta a ella que puede haber permanecido inactivo.

También puede haber fuertes hebras energéticas que te conectan con parientes que han muerto. A veces estas hebras te sostienen y apoyan, pero otras te despojan de energía. Si te sentías arropado y apoyado por una persona cuando estaba viva, es probable que persistan unos lazos de apego que siguen apoyándote. Si ese pariente te despojaba de energía o te agobiaba con sus exigencias cuando vivía, en tal caso es probable que, si siguen existiendo hebras que te conectan a él, éstas te produzcan efectos debilitantes.

Aunque tu familia no sea tu familia biológica, los cordones que te conectan a ella pueden ser muy fuertes. Un día, David, mi marido, mi hija Meadow y yo nos dirigíamos en coche a la bahía de San Francisco desde nuestra casa en el estado de Washington para asistir a una boda. David y yo nos turnamos al volante. Cuando atravesamos la línea estatal y entramos en Oregón, nos perdimos. (Fue antes de que existieran los GPS.) Conducía yo, y mi idea de navegación es parar y pedir a alguien que nos indique el camino. David es absolutamente contrario a esa solución, pues prefiere consultar el mapa. Es una de las pocas cosas en la que no estamos de acuerdo. Yo quería parar y buscar a alguien que pudiera ayudarnos, pero David se mostraba cada vez más irritado ante esa perspectiva. Estaba seguro de que acabaríamos resolviendo el tema consultando el mapa. David y yo no solemos pelearnos, pero en esos momentos los ánimos estaban muy caldeados, y cada vez estábamos más perdidos mientras dábamos vueltas por la campiña sin rumbo fijo.

Por fin, declaré: «¡Estoy harta! ¡En la próxima casa que vea, paro el coche! ¡Entraré y les pediré que nos indiquen la dirección!» No bien hube declarado mis intenciones, vimos un largo camino de tierra y una casita al final del mismo. Enfilé el sendero de acceso a toda pastilla, levantando grandes nubes de polvo a ambos costados del coche cuando frené bruscamente frente a la casa. Antes de que David pudiera detenerme, salté del vehículo y eché a correr hacia los escalones del amplio porche. Llamé a la puerta con insistencia. Estaba cansada de dar vueltas inútilmente, y enfadada con David por no haberme hecho caso sobre peguntar a alguien la dirección. Transcurrieron unos minutos sin que acudiera nadie a abrir, pero, cuando di media vuelta para marcharme, la puerta se abrió.

Al volverme vi a mi hermanastra, Sandy. ¡Era increíble! Hacía años que le había perdido la pista y ni siquiera sabía en qué país vivía. ¡Pero ahí estaba, ante mis ojos! No solo nos indicó el camino, sino que nos presentó a su marido y a sus dos hijas y cenamos todos juntos. Fue como un milagro, pero, debido a mis conocimientos sobre las hebras de energía, comprendí lo que había ocurrido. Era un caso típico en que, cuando dos personas se hallan cerca, las hebras que han permanecido descuidadas durante largo tiempo se activan y atraen una a la otra, como dos superimanes.

Hebras ancestrales

Además de tener hebras que te conectan con tus parientes más cercanos, también tienes hebras y filamentos que se remontan a muchas generaciones a través de la línea de sangre. En algunas áreas, esto se llama *síndrome ancestral.* Por supuesto, algunas similitudes con tus ancestros, como el color de los ojos y la estatura, pueden atribuirse a los genes; pero los estudios han comprobado que algunos rasgos, como la preferencia en materia de profesión o carrera, se transmiten a través de varias generaciones aunque un niño sea adoptado al nacer y no sepa nada sobre sus antepasados. Lo que ocurre es que todos formamos parte de un linaje que se extiende detrás de nosotros y se despliega ante nosotros. Es una cuerda inquebrantable de frecuencia, luz y energía a través de la cual se transmiten las emociones, las experiencias y los pensamientos (de quienes han vivido antes que tú) hacia ti y a través de ti. En muchos sentidos, todos somos un joven retoño en una raíz vetusta. Tú estás conectado a tus antepasados a través de cordones ancestrales.

Estas hebras pueden ser muy beneficiosas para ti si tus antepasados eran seres nobles, amables y magnánimos. Sin embargo, si algunos de tus ancestros no fueron tan nobles o experimentaron un intenso y prolongado trauma, temor, ira, falta de seguridad en ellos mismos o tristeza, estas emociones pueden filtrarse a través de los cordones ancestrales y adherirse a ti.

En resumen, el temor o la depresión que sientes puede que no sea un rasgo tuyo personal, sino que se debe a una fuga de energía ancestral que se ha transmitido a través de tu familia y ha llegado a ti.

En algunos casos, las emociones y los sentimientos que se transmiten a través de las hebras de energía desde tus ancestros están tan clavados en ti que tienes la sensación de que son tuyos. Los eventos en la vida de tus ancestros que pueden perturbarte son guerras, opresión, esclavitud, hambruna, peste, enfermedades devastadores, crímenes e injusticia. Aunque no conozcas su ascendencia, pueden afectarte debido a los cordones que te conectan a esas personas y, a través de ellas, a esos eventos. No obstante, la parte positiva es que puedes cortar estos cordones para no tener que cargar con el bagaje de tus antepasados, ni transmitirlo a futuras generaciones.

Kirk, un cliente mío, fue adoptado al nacer y no conoció sus raíces biológicas hasta que se hizo adulto. Sin embargo, me contó que de niño recogía piedras y las «pegaba» con barro para construir casitas de muñecas. A sus padres les asombraba su talento y la belleza de sus pequeñas creaciones. Más tarde, cuando Kirk investigó su ascendencia, descubrió que sus antepasados biológicos eran albañiles, y dedujo que había heredado de ellos su destreza. Dicho de otro modo, las hebras de sus ancestros se habían adherido a él, y estos le habían transmitido su destreza a través de los filamentos.

Julie, otra clienta, me contó que se sentía siempre oprimida y tenía pánico a la autoridad, en especial si la figura de autoridad era de descendencia japonesa. También temía expresar sus opiniones ante los demás. Dijo que no se consideraba una persona con prejuicios, y le preocupaba la respuesta emocional que experimentaba en presencia de personas de ascendencia japonesa. Quería averiguar la causa de este problema.

Por supuesto, pueden existir muchas razones que explican por qué Julie se sentía así, entre ellas problemas personales presentes, la educación que le habían dado sus padres, cosas que había oído subconscientemente de niña o incluso problemas relativos a vidas pasadas. Sin embargo, cuando investigó su ascendencia averiguó que varios de sus parientes holandeses habían sido internados en las Indias Orientales Holandesas durante la Segunda Guerra Mundial y habían sufrido graves vejaciones a manos de los soldados japoneses durante esa época. Julie no recordaba que su familia comentara el tema con ella; sin embargo, armada con esta información, empezó a comprender de dónde provenían sus problemas. (Aunque los que probablemente habían afectado sus hebras eran antepasados recientes, a veces pueden afectarnos los cordones ancestrales de multitud de generaciones pasadas.)

Julie envió su amor a sus parientes que habían sufrido tanto, y cortó el cordón que la ligaba a esos eventos. Casi al instante se sintió mejor, y más tarde me dijo que le parecía como un milagro, porque su constante temor de expresar su opinión y el temor que le inspiraban las personas que ejercían cargos de autoridad parecía haber desaparecido. Me explicó que al cabo de un tiempo se encontró un día rodeada de un grupo de turistas japoneses, una situación que tiempo atrás le habría provocado una profunda angustia (y sentimiento de culpa por reaccionar de esa forma), pero dijo que no había sentido la menor ansiedad, y había conversado con ellos sin mayores problemas.

Amigos y conocidos

Cathy acudió a mi consulta porque había empezado a experimentar emociones confusas e intensas desde que su mejor amiga atravesaba por una mala época en su matrimonio.

«Necesito ayuda, y confío en que puedas aliviar mi situación», me dijo. «Mi vida va viento en popa estos momentos: tengo una maravillosa relación sentimental, mi trabajo me encanta y hace años que no me sentía tan bien. Pero, desde que mi mejor amiga ha empezado a tener problemas con su marido, de pronto me asaltan oleadas de ira o tristeza que no me explico. Cuando pasan, llamo a mi amiga Sherry y me dice que, en el preciso momento que yo sentía esas intensas emociones, ella se estaba peleando con su marido».

Cathy continuó: «Las emociones que experimento son análogas a las que siente Sherry en ese momento. Quiero mucho a mi amiga y no quiero poner fin a mi relación con ella, pero tengo que bajarme de esta montaña rusa emocional. ¿Puedes ayudarme?»

No es infrecuente que se formen hebras de energía entre tú y tus amigos, e incluso entre tú y tus conocidos. Si las hebras son gruesas y fuertes, no es raro que sientas las emociones que experimentan tus amigos en el mismo momento. (Es como cuando, en la película *ET*, Elliott siente todo lo que ET está experimentando en ciertos momentos.) Después de una sesión en que ayudé a Cathy a cortar sus cordones, le expliqué unos métodos que podía utilizar ella misma. Posteriormente, Cathy me informó muy aliviada que, aunque su amiga tuviera una pelea con su marido, las emociones de esta ya no la afectaban, y dormía mejor. Cathy tenía la impresión de que con ese cambio las hebras habían reforzado su relación con su amiga y habían aportado un mayor equilibrio a su vida.

Es posible que se extiendan cordones energéticos entre tú y simples conocidos. A veces me sorprende lo grandes y fuertes que son estos cordones. John, otro cliente mío, desarrolló un persistente dolor de garganta. Trabajaba como maestro, por lo que no era raro que los niños a los que daba clase le contagiasen algún resfriado o gripe, pero su dolor de garganta no mejoraba. Fue a ver a su médico de familia, pero este no encontró la causa de la dolencia. Cuando John acudió a mi consulta, sentí una hebra de un color verde grisáceo casi enfermizo que emanaba de su garganta. Le pregunté si conocía a alguien que tuviera problemas de garganta, pero me dijo que no. Le ayudé a cortar ese cordón. Al cabo de unos días me informó asombrado que el dolor de garganta que había padecido durante casi cuatro meses había desaparecido por completo. (No es raro que cuando cortamos una hebra el dolor asociado a ella desaparezca.) Luego expliqué a John cómo evitar que esas hebras se reprodujesen.

La semana siguiente, John me llamó para comunicarme que había averiguado que otro maestro en su escuela (que daba clase en el aula contigua a la suya, pero al que apenas conocía) padecía un cáncer de garganta que le producía constantes dolores, pero no se lo había dicho a nadie. Este tipo de lazos no son raros. Es posible que tengas hebras que se extienden entre tú y otra persona aunque apenas la conozcas.

En cierta ocasión asistí a una fiesta en la que nos sentamos formando un amplio círculo en la sala de estar. La gata de la dueña entró y se tumbó en el centro de la habitación. Empezó a estirarse y a girar de un lado a otro de forma muy sensual. Observé a las personas que se hallaban junto a cada extremo del cuerpo de la gata: eran un hombre y una mujer, sentados frente a frente. No parecían interesados el uno en el otro, máxime dado que habían venido acompañados por sus respectivas parejas. Pero la gata parecía haber reconocido una hebra que fluía entre ellos, y parecía gozar con la corriente de energía que fluía entre ambos. Más tarde me enteré de que ese hombre y esa mujer mantenían una relación clandestina; aunque nadie en la habitación lo sabía, la gata lo había percibido.

Este es otro ejemplo de la forma en que funcionan las hebras de energía: Dan era amigo nuestro cuando vivíamos en Seattle. Había asistido a varios de mis seminarios e incluso nos ayudaba en los eventos que organizábamos. Siempre se había mostrado muy amable con los participantes y con mi familia. Un día en que debía tomar un avión para trasladarme a Australia, donde iba a impartir mis enseñanzas en un evento, Dan se ofreció para llevarme en coche al aeropuerto, un gesto que yo le agradecí. Durante mi estancia en Sydney, me alojé en un hotel en una población costera llamada Manly.

Poco después de llegar, fui a la farmacia de Manly para comprar unas tiritas. Mientras hacía cola, me fijé en el sombrero de paja que llevaba un hombre que estaba en la cola. Le comenté lo mucho que me gustaba su sombrero y, mientras hacíamos cola, nos pusimos a charlar.

Durante esta curiosa conversación, averigüé que Roger (el hombre del sombrero de paja) había visitado recientemente Seattle y había conocido a Dan y, de hecho, el sombrero que llevaba era suyo. ¡Dan se lo había regalado a Roger! Lo que había ocurrido era que entre Dan y yo se habían formado unas hebras de amistad y parte de la energía de Dan seguía adherida a ese sombrero, por lo que, al hallarme cerca de él, las hebras que me conectaban con Dan habían empezado a vibrar. Me había sentido subconscientemente atraída por el sombrero, aunque no había visto nunca a Dan con él.

Otra forma en que puede producirse un lazo energético es cuando alguien dirige intensas emociones hacia ti. Pueden ser emociones negativas, semejantes a un ataque psíquico, o pueden ser positivas: por ejemplo, cuando alguien te envía su apasionado amor. Los ataques psíquicos son reales. Pueden pillarte por sorpresa. No obstante, la mayoría de los supuestos ataque psíquicos no son intencionados. Una persona puede enfadarse contigo y pensar en ti con intensa emoción sin ser consciente de que está alterando tu campo energético. (Ver el Capítulo 2 para obtener más información sobre este tipo de experiencias y cómo resolverlas.)

Antes de que pienses «Ya sé a quién me gustaría descolocar un poco proyectando unas encendidas emociones hacia esa persona», recuerda que, si utilizas tu energía de esta forma —con el propósito de perjudicar a alguien—, casi siempre se vuelve en tu contra como un bumerán, creando desequilibrio en tu vida. Aunque creas que merece la pena, no es así.

Pero no te sientas culpable por algo que puede haber ocurrido en el pasado. Si alguna vez te has sentido furioso contra alguien, lo más probable es que no le hayas creado un desequilibrio en su vida. No es solo la intensa emoción lo que debilita a otra persona: *es la emoción unida al claro propósito de hacerle daño.* La mayoría de las personas experimentan un tipo de ira que abarca un amplio espectro, lo que significa que cuando se enfurecen su ira irradia en todos los sentidos, alcanzando a quienquiera que se encuentre en su campo de acción. Pero no es un campo potente, porque está diluido. Uno solo puede desestabilizar a alguien mediante un cordón cuando es capaz de focalizar su emoción y su propósito en esa persona.

En el otro extremo de la balanza, cuando amas a alguien y sientes la intensidad de ese amor, al mismo tiempo que visibilizas con claridad a la persona, esta energía puede ser sanadora y revitalizadora. Cuando yo siento que me invade una oleada de relajación y alegría, sigo el cordón hasta dar con quien me lo envía. Si se trata de una persona que conozco, la llamo y casi invariablemente esa persona me dice: «Vaya, en estos momentos estaba pensando en ti con todo mi cariño». Lo bueno de enviar amor a una persona es que al instante se produce un efecto bumerán..., y tú recibes otra oleada de amor a través de las hebras de energía. La energía que fluye por estos cordones es sanadora y beneficiosa tanto para el remitente como para el receptor.

A veces, sin embargo, cuando hay varias personas negativas unidas a ti mediante estos cordones, sientes que tus chakras (los centros de energía ubicados en tu cuerpo) están atascados (como cuando un gran número de personas están utilizando sus móviles y el sistema se bloquea). Debido a ello puedes sentirte constantemente falto de energía o agobiado, en especial cuando algunas de esas personas te abruman con sus necesidades y exigencias. (Si quieres averiguar qué personas están adheridas a ti mediante cordones muy potentes, «escanea» a tus amistades: casi siempre, los primeros nombres que aparecen son los correctos. Ver el Capítulo 2 para más información sobre cómo hacerlo.)

Supuestas hebras enemigas

Ten cuidado con los cordones que parten de personas a quienes consideras tus enemigos o que no te quieren bien. A menudo los cordones que te atan a quienes te inspiran una profunda antipatía son más gruesos y fuertes que que los que te atan a las personas que quieres. Cuando focalizas tu atención —intensamente— sobre una persona o cosa, refuerzas el lazo que te conecta a ella. Si experimentas fuertes emociones respecto de las personas que no te caen bien, esas hebras suelen predominar sobre tus hebras de amor porque son más intensas.

He conocido a muchos adeptos de la *New Age* que jamás emplean la palabra *odio* y aseguran que nunca piensan en términos de tener «enemigos», porque no es «espiritual». He conocido a muchas personas que afirman no haber odiado nada ni a nadie en sus vidas, y que el mero concepto les repugna. Sin embargo, cuando observo los cordones que emanan de ellas, algunas presentan el mismo aspecto que los cordones de otras personas que confiesan odiar a alguien o tener enemigos. De hecho, a veces esos cordones son muy potentes, en especial entre los «fanáticos religiosos». El fanatismo religioso no es exclusivo de las religiones tradicionales: muchos adeptos de la *New Age* son tan fanáticos (y tienen tantos prejuicios) como las personas que pertenecen a grupos religiosos o políticos.

Por supuesto, muchas personas que viven en comunidades *New Age* proyectan hilos de luz, fuertes y transparentes, que fluyen hacia y desde ellas. Hay personas en todos los estratos sociales que tienen hilos resplandecientes. Estas personas son seres radiantes y luminosos que jamás han odiado a nadie o han pensado que alguien fuera su enemigo. Aportan vitalidad y alegría al planeta. Pero también hay muchas personas que reprimen y niegan su ira y resentimiento hacia otros y —al igual que cuando tratas de sumergir un balón de playa en una piscina—, cuanto más se esfuerzan en reprimir una emoción negativa, más se intensifica.

Aquello contra lo que te resistes persiste. Si una persona se resiste o niega la verdad de su alma, lo que reprime se intensifica, y la viscosa energía que fluye a través de sus cordones bloquea sus circuitos. Debo aclarar que el hecho de que experimentes intensas emociones supuestamente negativas no significa que seas mala persona o una persona poco espiritual. Significa que eres humano. El problema surge cuando juzgas esas emociones y tratas de reprimirlas, pues entonces se vuelven perjudiciales para ti. La represión refuerza las hebras asociadas a ella.

Las hebras «enemigas», o hebras de intensa ira, resentimiento o amargura, parece que están soldadas en tu alma. Es natural que quieras negar su existencia. Sin embargo, una estrategia más eficaz es aceptarte con cariño y benevolencia, en todas tus permutaciones. Da un paso atrás y obsérvate con compasión. Por ejemplo, si eres consciente de que estás resentido contra alguien, en lugar de juzgar o reprimir la emoción que experimentas, di para tus adentros con profunda benevolencia: «Qué interesante. Parece que ahora estoy *creando* resentimiento». Cuando sientes empatía hacia tu persona y te aceptas, los cordones no se adhieren a ti de forma que te despojan de energía. Curiosamente, empiezan a desaparecer: ya no tienen nada a qué adherirse.

Hebras de amantes y encuentros sexuales

Entre amantes fluyen cordones de energía especiales. La intensidad del amor —y la pasión de los encuentros sexuales— crean vínculos muy potentes. Estas hebras pueden ser hermosas, fuertes y transparentes. Pero también pueden ser débiles, delgadas y opacas. En especial si existen problemas en torno a la sexualidad o la relación. Asimismo, si un miembro de la pareja es una persona emocionalmente dependiente o no es de fiar, no es raro que el otro se sienta constantemente agotado debido a las potentes hebras que fluyen entre ambos... *incluso después de que la relación haya terminado.* ¡Así de potentes son estas hebras! Incluso un encuentro sexual esporádico puede crear cordones persistentes que, si no se eliminan, pueden perdurar años o décadas. Y si alguien tiene numerosos amantes y encuentros sexuales (en especial si experimenta sentimientos de culpa o vergüenza) y no elimina estas ataduras, las numerosas hebras pueden enredarse e incluso perjudicar una relación importante en el futuro.

¿Tienes un examante al que hace tiempo que no ves, pero del que nunca te has desconectado del todo? Es posible que la hebra entre vosotros se haya enroscado y secado, pero puede tensarse y reforzarse si entráis en contacto, o incluso cuando ese examante piense en ti. ¿Recuerdas el ejemplo de la planta que hace tiempo que no riegas y aparece mustia, pero en cuanto la riegas se endereza y revive? Esto es lo que puede ocurrir con antiguos amantes.

Es importante examinar las hebras de energía sexual de tu pasado y eliminarlas; de lo contrario, pueden permanecer largo tiempo y perjudicar tus relaciones presentes y futuras. Cuanto mayor es el grado de intimidad que tenemos con otro ser humano, más fuertes y persistentes son los cordones energéticos y más tiempo permanecen con nosotros. Por lo demás, aunque actualmente mantengas una relación sentimental y confíes en que dure mucho tiempo, conviene limpiar periódicamente las hebras entre tú y tu pareja para mantener la relación armoniosa.

También es posible que suscites el deseo de alguien y que esta persona proyecte sobre ti un cordón generado sexualmente. Incluso es posible que impacte en ti un lazo energético de un extraño en un lugar público, promovido por un deseo aparentemente casual (pero intenso) focalizado en ti. Esta es una utilización negativa de energía por parte del extraño, que puede alterar la tuya. Conviene tener esto en cuenta, para que te desprendas de este tipo de cordones (o te protejas de ellos) cuando te ocurra. (Ver el Capítulo 2 para aprender métodos de protegerte de invasiones energéticas indeseadas.)

Este es un ejemplo de un lazo energético proyectado por una pareja sexual: pongamos que un examante se cree un conquistador irresistible y está convencido de que todas su ex parejas sexuales siguen bebiendo los vientos por él. Es posible que cuando estabais juntos plantara dentro de ti un fuerte cordón mediante sus pensamientos. Es posible que, debido a su potencia, este cordón siga fijo en ti después de haberse roto la relación y te despoje de tu energía.

Quizá pienses: «¡Maldita sea! Ha pasado mucho tiempo y ese hombre era tan engreído e insoportable que acabé hartándome. ¿Por qué sigo pensando en él en los momentos más inoportunos?» Puede que esos inoportunos pensamientos sobre esa persona te sorprendan porque crees haber resuelto cualquier problema que tuvieras con él y ya no está en tu consciencia. Puede que los recuerdos que esa persona guarda de ti se transmitan a través del cordón. Si sus pensamientos son principalmente sexuales, es posible que se haya conectado al primer chakra e incluso al segundo chakra. (Ver el Capítulo 3 para informarte sobre las ataduras energéticas y tus chakras.) Si esa persona desea recuperar tu amor, quizá sus cordones se extiendan hasta el chakra de tu corazón. Dicho de otro modo, te ha atado. De nuevo, es probable que no sea consciente de que está succionando tu energía.

Por supuesto, no podría conectar con ninguno de tus chakras mediante sus cordones si no hubiera algunos «asuntos pendientes» —emociones reprimidas, problemas referentes a la relación que no se han resuelto o incluso un bagaje familiar localizado en tus chakras— que le permiten adherirse a ellos. Es decir, existe una concordancia en vuestras frecuencias. Piensa en un cordón parecido al Velcro: *si no hay una superficie a la que pueda engancharse, no puede adherirse a ella.*

A veces el cordón que se extiende entre tú y tu examante puede ser portador de un sinfín de residuos espirituales debido a que esa persona se ha acostado con múltiples parejas y reproduce mentalmente esos momentos. Dicho de otro modo, cualquiera que haya tenido una relación íntima con esa persona puede compartir el mismo cordón que ha plantado dentro de ti porque os tiene enganchadas a todas. Este tipo de ataduras puede hacer que atraigas una energía negativa a tu vida e impedir que atraigas una relación sentimental sana y satisfactoria.

Hebras de extraños

¿Has ido alguna vez de compras, o has estado en la calle rodeada de gente, o haciendo cola con otras personas, y más tarde te has sentido inusitadamente agotada y sin fuerzas? ¿O esa noche has tenido unos sueños extraños? O puede que algunos días, al llegar a casa después de estar con mucha gente, te hayas sentido sucia y has tenido que ducharte, aunque no hayas hecho nada para ensuciarte. No es raro que unos filamentos energéticos se adhieran a tu plexo solar en lugares atestados de gente procedentes de extraños, o de personas con las que te has cruzado en la calle, aunque ni siquiera te hayas fijado en ellas. Es posible que esas personas no sepan que lo hacen, al igual que tú quizá no seas consciente de lo que ha sucedido. A veces puedes tener una sensación como si alguien te agarrara del brazo para decirte algo.

Esos lazos son más profundos y difíciles de eliminar cuando te sientes agotada. Por ejemplo, si estás de viaje y cansado debido al *jet lag* y te encuentras en un aeropuerto repleto de gente en el que otras personas están también cansadas, es fácil que se adhiera a ti una gran cantidad de energía negativa que no es tuya. A menos que tu energía sea fuerte y vibrante, cuando estás rodeada por una multitud es posible que unos filamentos energéticos se adhieran a ti. Sin embargo, una vez que descubres este tipo de filamentos, son relativamente fáciles de eliminar a menos que haya otro tipo de emociones en juego, como cuando alguien te grita enojado en una multitud o te echa la bronca cuando pasa en coche junto a ti.

Cuando estás rodeada de extraños y cruzas los brazos, suele ser una forma subconsciente de evitar que unos cordones energéticos se adhieran a tu plexo solar. A menudo, las mujeres, cuando están en un lugar lleno de gente, sostienen el bolso delante de su plexo solar. Además de mantener sus pertenencias a salvo, evitan subconscientemente que posibles filamentos energéticos de extraños se adhieran a ellas.

Otro tipo de conexiones energéticas que se producen en lugares abarrotados de gente es cuando, por alguna razón, mantienes contacto visual con alguien durante un par de segundos más de lo habitual, e inconscientemente se forma entre ambos un cordón energético. Posteriormente te tropiezas con esa persona una y otra vez en lugares públicos. Quizá la veas en un restaurante y luego en la cola en una tienda, y más tarde entre una multitud. Cuando esto ocurre, sabes que es un cordón temporal que se ha adherido a ti. No se trata de algo negativo; simplemente, debes tenerlo en cuenta.

Una forma de averiguar si los cordones energéticos de otros han impactado en ti cuando estabas fuera de casa es observar tus sueños durante un par de noches. Puede que tengas unos sueños que te extrañen. De hecho, la energía que sigue adherida a ti a menudo aparece en sueños y tienes la sensación de que «esos sueños no son tuyos».

Hebras de mascotas

Algunas de las hebras más fuertes son las que fluyen entre humanos y sus animales de compañía. No es raro que un perro se despierte de un sueño profundo y corra hacia la puerta para recibir a su dueño… aunque este regrese a una hora poco habitual y se halle a un kilómetro de distancia. Lo que ocurre es que el perro presiente una fluctuación del cordón que lo conecta con su dueño. A medida que las fluctuaciones a través del cordón aumentan, el perro siente la llegada inminente de su dueño. Se dan muchos casos en que una mascota se pierde —por ejemplo, cuando sus dueños se la llevan de vacaciones o cuando se mudan de casa— y el animal recorre centenares de kilómetros para regresar a su casa. Por ejemplo, *Buck*, un perro labrador de tres años, recorrió más de ochocientos kilómetros hasta Myrtle Beach, Carolina del Sur, desde Winchester, Virginia, para reunirse con su dueño. Los científicos sostienen que los perros son capaces de encontrar el camino de regreso a su casa debido a su acusado olfato (en el caso de los gatos, debido a su sensibilidad a las fluctuaciones magnéticas); sin embargo, es difícil imaginar que *Buck* fuera capaz de guiarse por su olfato a través del vasto océano de olores y recorrer ochocientos kilómetros hasta llegar a casa. Lo más probable es que siguiera las hebras que lo conectaban con su dueño.

(Los animales regresan o bien a su casa o bien a su dueño, dependiendo de a qué o a quién estén más fuertemente conectados.)

Las emociones también pueden fluir del dueño a su animal de compañía. El animal puede sentir el timbre emocional de su dueño y responder replicando esa emoción. Aunque no siempre es así, a menudo basta con observar las emociones de la mascota para adivinar el estado emocional del dueño.

Las mascotas también pueden aliviar ciertas dolencias físicas «asumiéndolas» subconscientemente a fin de mitigar los efectos sobre su dueño. A menudo el síntoma aparece en la macota antes que en el dueño. Por ejemplo, si el dueño empieza a sentir dolor de espalda, no es raro que su mascota lo padezca antes que él. La frecuencia del dolor de espalda viaja a través del cordón energético que fluye entre ellos. O, cuando una mascota desarrolla diabetes, es posible que su dueño esté predispuesto a padecer esta enfermedad y su mascota la haya asimilado para protegerlo.

Por supuesto, a veces no existe ninguna conexión entre la condición física de un ser humano y la de un animal, pero si ocurre con tu mascota, no debes sentirte culpable. No menosprecies con tu sentimiento de culpa el regalo que te hace tu mascota (asumiendo tu dolencia). Los animales de compañía asumen ciertas dolencias como un servicio que prestan a sus dueños con todo su amor. Todos debemos embarcarnos en nuestro viaje espiritual, y los animales evolucionan a lo largo del suyo lo mismo que nosotros. Una mascota que mitiga el dolor y los desequilibrios físicos para su dueño llega muy lejos en su viaje espiritual.

Aunque es raro, también puede suceder lo contrario: un humano asume la dolencia de su mascota mitigándola o, simplemente, reflejándola. En cierta ocasión me hallaba de viaje y me desperté con un intenso dolor en mi cadera derecha. No comprendí el motivo. Había dormido en una cama confortable. No había realizado ningún esfuerzo exagerado y no me había lastimado ningún músculo.

Llamé a David, mi marido, que estaba en casa, y le conté lo de mi dolor. «Es extraño que tengas ese dolor», dijo, «porque hoy no he podido sacar a *Sadie* a pasear. Parece que le duele la cadera derecha.» (*Sadie* es nuestra vieja y dulce mestiza border collie.) En este caso yo había asumido el dolor que padecía nuestra mascota, que se había manifestado como un dolor en mi cadera.

Pamela me contó que a menudo soñaba que perseguía ratones e incluso se los comía cuando su gato, *Tam*, dormía en la cama con ella. Dijo que estaba convencida de que esos sueños no eran suyos, porque cuando estaba despierta la idea de comerse un ratón le repugnaba, pero en sus sueños, los ratones estaban muy ricos. Creía tener un fuerte cordón energético que la conectaba con *Tam* y que había penetrado en los sueños de su gato.

En algunos casos las hebras son tan fuertes que el espíritu del animal permanece junto a ti incluso después de morir. Quizá creas haber visto (con el rabillo del ojo) o imaginado haber oído a tu difunta mascota. Es probable que su espíritu permanezca junto a ti debido a que las hebras siguen conectadas.

En ocasiones, las hebras están tan unidas que una mascota se encarna en el cuerpo de otro animal para permanecer junto a su dueño. *Sesame*, la gata de Carly, solo quería comer en un viejo y maltrecho bol. Carly, pensando que era poco apetitoso, trató en varias ocasiones de sustituirlo por otro, pero *Sesame* empezaba a maullar lastimosamente hasta que su dueña le ponía su viejo bol. Pese a los numerosos intentos de Carly de ponerle de comer en un bol nuevo, *Sesame* quería el viejo. De modo que Carly acabó cediendo y no volvió a quitárselo.

Después de morir *Sesame*, la gata de una vecina tuvo gatitos. Carly adoptó a uno, al que llamó *Cinnamon*. A medida que el gato crecía, Carly empezó a observar que tenía muchas hábitos que le recordaban a *Sesame*. Por ejemplo, cuando *Cinnamon* se asustaba, corría a refugiarse en el pequeño espacio detrás del cesto de la ropa sucia, como solía hacer *Sesame*, e incluso roncaba igual que ella. Pero cuando *Cinnamon* empezó a maullar a pleno pulmón cada vez que su dueña le ponía de comer y a veces se negaba a comer lo que le daba, Carly empezó a pensar que *Cinnamon* era *Sesame*. (Cuando por fin se le ocurrió sacar el viejo bol de *Sesame*, *Cinnamon* comenzó a ronronear de satisfacción y se comía todo lo que su dueña le ponía, siempre que fuera en el viejo bol.)

«No puedo probarlo», dijo Carly, «pero en mi corazón sé que *Cinnamon* es *Sesame*. Ha regresado junto a mí.» Algunas hebras sobreviven a la muerte.

Hebras que nos conectan con animales salvajes

También hay hebras que nos conectan con animales salvajes. Hace muchos años, pasé un tiempo con los aborígenes en Australia. El anciano de una tribu de los Territorios del Norte me dijo que querían enseñarme algunas de sus costumbres, pero estaba prohibido a menos que yo perteneciera a su mismo clan. Para averiguar a qué clan animal pertenecía yo, nos dirigimos a unos matorrales. Era una zona sagrada para los aborígenes. Me explicaron que los espíritus de la tierra eran allí tan potentes que atacaban a cualquiera que no fuera aborigen. De modo que, para engañarlos, me indicaron que me agachara, que tomara unos puñados de tierra amarilla y ocre y que me embardunara el cuerpo con ella. Luego me proporcionaron sudor aborigen para que me lo untara en el cuerpo como protección para que los espíritus de la tierra no me dañaran. Por último me dijeron que me sentara con la espalda apoyada contra un árbol y esperara a ver qué animal se acercaba a mí, porque el animal que se aproximara indicaría a qué clan pertenecía yo.

Me sentía incómoda y tenía calor sentada en el suelo con la espalda apoyada contra el viejo árbol de raíces sarmentosas. Las hormigas reptaban sobre mis piernas. El aire era denso y opresivo y el zumbido de las moscas sonaba como música de fondo. No apareció ningún animal. Pasó largo rato. No apareció ningún animal. Empecé a sudar. Me preocupaba que los espíritus locales se enfurecieran al descubrir que yo no era una aborigen. De pronto, un gigantesco cuervo aterrizó cerca de donde me hallaba y empezó a brincar hacia mí. Volvió la cabeza a la derecha y a la izquierda, observándome con curiosidad. Se acercó más. Al instante, los aborígenes salieron de sus escondites entre los matorrales y corrieron hacia mí. Eso alarmó al cuervo, que remontó el vuelo. «¡Nosotros también pertenecemos al clan de los cuervos!», exclamaron. El anciano me explicó: «Pertenecemos al mismo clan, de modo que podemos enseñarte algunas de nuestras costumbres». Eso marcó el inicio de una maravillosa conexión con la cultura de los aborígenes.

Antes de que eso sucediera, yo no tenía una conexión especial con los cuervos, y no los habría incluido entre mis aves preferidas. Sin embargo, sucedió algo insólito. A partir de ese momento, adonde quiera que yo fuera aparecían cuervos. Un día, alguien me preguntó: «¿Tienes alguna relación especial con los cuervos? Siempre aparecen donde estás tú.»

Sí, tenía una «relación» especial con los cuervos, porque, durante mi experiencia en el matorral australiano, una hebra de energía se había extendido entre ese cuervo y yo y, a través de él, unos hilos de luz me habían conectado a toda la energía colectiva de los cuervos. (Cuando te conectas a nivel espiritual con un animal salvaje, a menudo te conectas también con el espíritu colectivo de esa especie.) Por consiguiente, vaya adonde vaya en el mundo, no es raro que aparezcan cuervos.

No solo hay hebras que nos conectan con animales salvajes, sino que los animales tienen también hebras que los conectan entre sí. Por ejemplo, las aves migratorias siguen hebras de energía invisibles que contribuyen a guiarlas en sus desplazamientos.

Hebras de tótems animales

Un aliado animal —llamado también tótem animal o espíritu animal personal— es distinto del de un clan, pues es el espíritu animal específico que está alineado contigo. Todos tenemos un tótem animal (o varios). Cuando eres consciente de tus tótems animales, unos cordones energéticos te conectan con el animal físico, así como con el espíritu colectivo de ese animal. Es algo muy potente y portentoso. Puedes adquirir energía activando determinados rasgos en ti a través de tu hebra totémica. Por ejemplo, si tu tótem animal es el águila, no es infrecuente que veas más águilas que la mayoría de la gente. Las águilas presienten subconscientemente la hebra energética que las conecta contigo y se sienten atraídas a ti. Por otra parte, el hecho de reforzar este cordón potencia las cualidades del águila que llevas dentro: la independencia, la capacidad de ver el panorama general, de focalizar tu atención y ser más directo en la vida. Para aprender a descubrir tu tótem animal personal, consulta mis libros *Quest* y *Kindling the Native Spirit*.

Hebras de energía entre tú y la Tierra

Las culturas nativas siempre han sabido que existen cordones de energía que nos conectan con la tierra, las montañas, los valles, los árboles, las plantas, los animales, los arroyos, los ríos y los mares. La mayoría de estas culturas cuyas prácticas están enraizadas en la tierra sostienen la creencia de que cuando naces no solo estás conectado a tu madre por el cordón umbilical, sino que hay también un cordón que te conecta con la gran madre: la Madre Tierra. Cuanto más tiempo reside un humano en su lugar de nacimiento, más profundo y grueso es el cordón. Y el hecho de abandonarlo altera de modo notable su campo energético.

Durante el tiempo que pasé con los aborígenes en Australia, me hablaron sobre su creencia de que existen cordones muy gruesos y fuertes que conectan a los humanos con la tierra que los vio nacer. Me explicaron que cuando uno viaja los cordones se adelgazan, como he mencionado antes, lo cual puede comprometer la salud del humano. Cuanto más tiempo resides en una zona (en especial si tus antepasados también vivieron allí), más fuertes son los cordones.

Muchas veces, cuando invité a ancianos de distintas etnias nativas a visitarme en Estados Unidos, me dijeron que el viaje era peligroso porque el cordón podía tensarse demasiado. Afirmaban que nuestra conexión con la tierra es similar al cordón umbilical entre madre e hijo. El cordón terrestre nos alimenta, al igual que el cordón umbilical alimenta al niño en el vientre materno. Ausentarse durante demasiado tiempo y/o desplazarse demasiado lejos podía ser peligroso. Mi amigo Nundjan Djiridjarkan, un líder aborigen australiano, tuvo que armarse de valor para viajar a Inglaterra con el fin de reclamar la calavera de un guerrero aborigen llamado Yagan, que había sido asesinado en 1833 y cuya cabeza había sido enviada a Londres para ser expuesta como una «curiosidad antropológica». Nundjan temía que su cordón se tensara y adelgazara demasiado, pero dijo que era importante reclamar la calavera de uno de los suyos.

No solo existe un cordón que te conecta con el lugar donde has nacido, sino que, cada vez que te trasladas a una nueva zona, tu cordón terrestre se tensa y empieza a hundirse en la tierra. Por este motivo, cuando te mudas a un nuevo lugar conviene que camines descalzo sobre la tierra. Esto facilita que tu cordón terrestre se hunda en la tierra y te afiance a ella. Una vez que estás enraizado, tu cuerpo y tu energía están más centrados y equilibrados.

La idea de que los cordones de energía nos conectan con la Madre Tierra puede ser una de las razones por las que gentes de muchas culturas nativas creen que el contacto con la tierra es importante. Quizás exista también una razón física que explique esta necesidad de conectar con la tierra que pisamos. A lo largo de la historia, los pueblos nativos casi siempre andaban descalzos, se sentaban y dormían acostados en la tierra. Mediante el contacto directo (o a través de pieles de animales humedecidas con sudor utilizadas como calzado o esteras de dormir, que actuaban a modo de conductores eléctricos), algunos electrones de la superficie terrestre se transferían a sus cuerpos. Estudios recientes indican que es un factor medioambiental que favorece la salud, si bien muy pocas culturas contemporáneas lo tienen en cuenta o se benefician de él. Mantener estrecho contacto con la tierra se llama *earthing* (caminar descalzo), y está demostrado científicamente que ofrece numerosos beneficios para la salud. (En el Capítulo 4 aprenderás que el *earthing* contribuye a formar un manto protector a tu alrededor, para protegerte y mantenerte a salvo.)

Hay pruebas cada vez más sólidas que indican que las oscilaciones de los circuitos eléctricos de la tierra ayudan a crear un entorno positivo para el funcionamiento normal de nuestro organismo. Dicho de otro modo, el contacto directo con la tierra permite que el flujo eléctrico de la tierra estabilice el medio bioeléctrico de nuestros órganos, tejidos y células. Asimismo, estas oscilaciones pueden ser importantes para fijar los relojes biológicos que regulan los ritmos diurnos del cuerpo, como la secreción de cortisol. Algunas investigaciones indican, también, que el contacto directo con la tierra puede reducir la inflamación aguda y crónica. Recientes estudios muestran cambios positivos clínicamente importantes relacionados con los patrones de sueño, la apnea del sueño y el insomnio. También en relación con la disminución del dolor, la disminución de dolencias respiratorias, la salud del sistema nervioso y el efecto anticoagulante. Otras investigaciones muestran una disminución en los indicadores primarios de osteoporosis, una mejora en la regulación de la glucosa y una mejora de la respuesta inmunitaria.

Nuestros cuerpos están programados genéticamente para estar en contacto con la tierra. (Hace solo unos 50 años que utilizamos suelas aislantes de goma o de plástico en nuestros zapatos que nos separan de los flujos eléctricos de la tierra.) El premio Nobel Richard Feynman, en sus ponencias sobre electromagnetismo, sostiene que cuando el cuerpo tiene contacto con la tierra se convierte en una extensión del gigantesco sistema eléctrico terrestre, y cuando esto ocurre, nuestro organismo adquiere una armonía natural. Estudios convincentes indican también que practicar el *earthing* crea importantes efectos sobre las propiedades electrofisiológicas del cerebro y la musculatura. Mantener estrecho contacto con la tierra, siquiera durante unos pocos minutos al día, puede marcar una importante diferencia. Pero, lamentablemente, la mayoría de las personas tienen cordones de contacto con la tierra muy delgados. Y aunque todavía existe un vínculo que conecta íntimamente nuestra alma con el mundo natural —la tierra, los árboles, las plantas, las montañas y los valles—, este cordón umbilical que nos conecta con el sustento de la tierra es tan delgado en la mayoría de las personas que corre el riesgo de quebrarse.

Uno de los aspectos fascinantes del vínculo que mantenemos con la tierra tiene que ver con el lugar de origen de nuestros antepasados. No es raro experimentar una sensación de *déjà vu* cuando nos hallamos en la tierra de nuestros antepasados, aunque no hayamos crecido en esa zona. Esto se debe a que el cordón durmiente (en nuestro cuerpo) que nos conecta con esas tierras ancestrales se activa cuando estamos en ellas y empieza a vibrar y a engordarse.

Russell, uno de mis clientes, sabía que sus antepasados lejanos provenían de Escocia, pero no visitó ese país hasta que cumplió 46 años. Dijo que en cuanto vio los páramos y las altas montañas sintió que había regresado a su hogar. Se sintió fuerte, centrado y en paz. Esto podía deberse a varias razones, pero una de ellas es que los recuerdos ancestrales subconscientes que Russell guardaba se activaron y viajaron a través de sus cordones hasta esas tierras, y a continuación esos recuerdos ancestrales subconscientes viajaron de regreso de esas tierras hasta él.

Aparte de las hebras que nos conectan con la tierra, algunos objetos supuestamente inanimados también tienen hebras que los conectan con la tierra. Cuando visité Uluru (Ayers Rock) y el área circundante con unos amigos aborígenes y una amiga que trabajaba para el Aboriginal Woman's Council en Alice Springs, me advirtieron que no se me ocurriera coger ninguna piedra en Uluru. Las piedras estaban íntimamente conectadas y vinculadas con la tierra y no les gustaba que las movieran. (Es una creencia muy extendida en muchas culturas nativas.) Dicen que trae mala suerte coger o mover una de esas piedras. Un guarda de la zona me explicó que la gente le devolvía constantemente piedras con un mapa dibujado a mano señalando el lugar exacto donde él debía depositar de nuevo la piedra. Al parecer, las personas que habían tomado esas piedras habían tenido mala suerte, por lo que habían decidido devolverlas confiando en recuperar su buena estrella.

Hebras de la infancia y tu pasado

Tus hebras de energía no solo te conectan con lugares y zonas en el planeta, sino que están también ligadas a eventos de tu pasado. Podemos tener cordones que nos conectan con experiencias pasadas que se remontan a nuestra primera infancia, tanto a eventos traumáticos como a eventos maravillosos. Desde un punto de vista energético, es preferible no tener demasiados cordones que nos conectan con nuestro pasado, pues pueden obstruir nuestros circuitos internos. Por ejemplo, si de niño tuviste una experiencia traumática cuando te mordió un perro de pelaje rojo, puede haberse formado un cordón que te conecta con la energía del evento. (Aunque el evento sucediera en el pasado no significa que haya desaparecido, sino que puede seguir oscilando en tu campo energético.) Esto puede significar que en el futuro, si te cruzas en la calle con un perro de pelaje rojo (o con una persona pelirroja), el cordón que te liga a esa experiencia de tu pasado con el perro puede activarse al instante y el trauma del evento original fluir subconscientemente hacia ti. Quizá sientas un intenso dolor de cabeza sin saber por qué. La mayoría de personas tenemos centenares e incluso miles de cordones que nos conectan con el pasado, los cuales pueden activarse al instante. Estos cordones pueden hacer que nos resulte muy difícil estar presentes en el aquí y ahora.

Hebras de vidas pasadas

A veces se forman hebras que nos conectan con lugares en los que hemos vivido en otras encarnaciones. ¿Has estado alguna vez en un lugar que te produce una intensa sensación de *déjà vu*? Quizás hayas viajado a un país por primera vez, pero todo lo que ves te parece familiar. Las hebras de energía no solo nos conectan con el lugar de nuestro nacimiento y sitios donde nosotros (o nuestros antepasados) hemos residido, sino que podemos tener también hebras que viajan a través del tiempo, conectándonos a vidas pasadas. Estos cordones de conexión pueden perdurar a lo largo de varias vidas. Así es como nos encontramos, de forma aparentemente misteriosa, con personas que hemos conocido en otras encarnaciones. Cuando existe una profunda confianza y un profundo amor, estos cordones son luminosos y radiantes, y pueden volver a uniros, en una vida tras otra, como dos imanes que están cerca el uno del otro.

Cuando te encuentras cerca de alguien con quien has mantenido una relación íntima en una vida anterior, aunque fuera una relación complicada, te conviertes en una especie de diapasón y empiezas a vibrar o resonar en la misma frecuencia que la otra persona. Vuestras hebras os atraen el uno al otro, en especial si quedan pendientes «asuntos» emocionales no resueltos, positivos o negativos. En algunos casos, cuando te encuentras con esa persona, tienes la sensación de *déjà vu*. Piensas: «Yo conozco a esa persona», pero no sabes de cuándo o de dónde. Estas hebras de afinidad de vidas pasadas se pueden eliminar o reforzar, al igual que las hebras corrientes.

Hebras de contratos, promesas o compromiso

Cuando haces una promesa o un juramento o te comprometes a algo, o firmas un contrato con intención de cumplir sus condiciones, una hebra te conecta con la energía de ese compromiso. Aquello con lo que te has comprometido tiene consciencia, al igual que las personas y los animales tienen consciencia. Una hebra conectada a un concepto puede ser tan impactante como un cordón conectado a otra persona. Es difícil de comprender, pero es así.

El efecto vinculante de las hebras de compromiso es comprensible cuando te comprometes con otra persona. Por ejemplo, si cuando te casaste dijiste: «Te amaré y honraré hasta que la muerte nos separe», en ese momento —cuando pronunciaste esas palabras con intención de cumplirlas— una potente hebra de compromiso te conectó con tu pareja. Aunque la relación no funcionara, el cordón suele permanecer intacto, a menos que lo disuelvas expresamente. Por eso a menudo es difícil romper una vieja relación, aunque sepas que ha llegado el momento de hacerlo. El cordón del compromiso sigue uniéndote a esa persona.

Sin embargo, si te comprometes de todo corazón con algo incorpóreo, como ser leal a tu país, una hebra te conecta con la energía colectiva de tu país, que es una idea más que una cosa. Posteriormente, si te sientes desencantado con tu país pero no has cortado el cordón de tu compromiso, tu energía puede sufrir un desequilibrio porque tu estado de ánimo no concuerda con tu compromiso y tu juramento.

Hebras de ideas

Las ideas, al igual que tus promesas, tienen energía e incluso consciencia. Por eso no es raro que varias personas ubicadas en diversos lugares del mundo tengan la misma idea en el mismo momento. La consciencia de la idea emerge y flota alrededor del éter, en busca de alguien a quien conectarse. Si varias personas están oscilando en la misma frecuencia que la idea, esta se conectará a ellas. Es un concepto que no resulta extraño a gentes de culturas nativas.

Cuando estuve con los aborígenes en Australia, me dijeron que los diseños y los motivos artísticos viajaban a través de las esferas invisibles en busca de alguien —generalmente un niño— para que las adoptara y las dibujara. A veces los diseños viajaban a través de linajes familiares, de modo que el diseño de un antepasado era dibujado por un descendiente *aunque el descendiente no conociera esa determinada obra artística*. A veces ese diseño elegía a alguien al azar con quien conectarse, pero siempre ha existido la creencia cultural de que el arte posee su propia consciencia, su propia voluntad y sus propios deseos.

Estas creencias de los pueblos nativos están reflejadas en el extraordinario libro de Elizabeth Gilbert *Libera tu magia: una vida creativa más allá del miedo*, en el que la autora sostiene que las ideas tienen consciencia. Dice que, aunque no tengan un cuerpo material, tienen consciencia e incluso voluntad: son formas de vida energéticas. Está convencida de que nuestro planeta está habitado no solo por animales, plantas, bacterias y virus, sino también por ideas, que, aunque separadas de nosotros, *pueden interactuar con nosotros*. Pueden llamar a tu puerta, y si no conectas con ellas, buscarán otro receptáculo. Elizabeth afirma que las ideas se pasan una eternidad girando en torno a nosotros, buscando parejas humanas disponibles y dispuestas a conectar con ellas, y esto incluye a *todas* las ideas: artísticas, científicas, industriales, comerciales, éticas, religiosas y políticas.

Hebras del inconsciente colectivo

Inconsciente colectivo es un término acuñado por Carl Jung. Se refiere al inconsciente compartido por toda la humanidad. Es una especie de realidad colectiva a la que todos estamos conectados e influidos por ella. Jung escribió que el inconsciente colectivo contiene «la vida psíquica de nuestros ancestros desde los albores de la humanidad». Sostenía que el inconsciente colectivo tenía una profunda influencia en los seres humanos. Relató casos de personas que tenían los mismos sueños en el mismo momento. Y citó casos de diversas personas, separadas por una gran distancia, que habían visualizado las mismas imágenes arquetípicas ¿Sabías que es posible que se produzca el mismo invento, concepto o hallazgo científico con varios días de diferencia en diversos lugares del mundo? Es algo que sucede con más frecuencia de lo que imaginamos, y es consecuencia del efecto de nuestra conexión energética con el inconsciente colectivo y la consciencia de las ideas.

Dentro de lo colectivo existen varias capas de frecuencias y a menudo conectamos con más fuerza con una frecuencia que con otra. Por ejemplo, algunas hebras nos conectan con determinados cordones de grupos religiosos y políticos, etnias y naciones. En algunos casos se forman entre tú y estos grupos unos filamentos finos como un pelo, dependiendo de con qué te identifiques. Pero en ocasiones, estos cordones aumentan hasta adquirir casi el tamaño de un tronco. Por ejemplo, una persona que se identifica con su fe católica suele tener cordones muy gruesos que la conectan con la energía colectiva católica. Una persona que se identifica con ser miembro de un determinado partido político suele tener hebras de energía que la conectan con el campo energético colectivo de ese partido. En época de elecciones, muchas personas dicen sentirse insólitamente deprimidas y agotadas (o insólitamente eufóricas). En parte, eso se debe a las hebras de energía que los conectan con un campo energético político colectivo. Las emociones de muchas personas viajan a través de las hebras hasta su colectivo político, y estas emociones se incrementan y refuerzan debido al conjunto de energías del campo colectivo (debido a que un gran número de personas piensan y sienten lo mismo), que posteriormente retornan a todo aquel que esté conectado a esa afiliación política. Las hebras del colectivo emocional pueden afectar también a alguien que tenga cierta afinidad con un partido, aunque no esté particularmente interesado en las elecciones. Estas personas pueden sentirse disgustadas (o eufóricas) sin saber por qué.

Ver una noticia desagradable en televisión puede conectarte con esos eventos: algunas personas casi tienen la sensación de haber estado presentes en el lugar de los hechos. A raíz del tsunami que asoló una zona de Tailandia en 2004, muchas personas se sintieron profundamente afectadas al ver la noticia en televisión. Las imágenes de la catástrofe que los informativos ofrecían todos los días las alteraban emocionalmente. Mary, una mujer que me conocía por mis libros, me llamó porque necesitaba que la ayudara. No podía dejar de contemplar las imágenes del siniestro que ponían en la televisión. De hecho, estaba tan trastornada que le costaba respirar entre sollozo y sollozo mientras hablaba conmigo. Me dijo que era tal su tristeza que no podía conciliar el sueño, y a duras penas era capaz de llevar a cabo sus quehaceres cotidianos.

Entretanto, mi amigo Eric, que estaba casado con una mujer tailandesa y vivía en una aldea a escasa distancia de la zona que había sido asolada por el tsunami, me dijo: «Denise, aquí no tenemos ningún problema. En realidad, sabemos muy poco de lo ocurrido porque no tenemos televisión ni escuchamos la radio». Me dijo que varios amigos estadounidenses le habían llamado para contarle lo sucedido, porque estaban pendientes de las noticias que daban por televisión. Me comentó que algunos estaban indignados con él por no mostrarse afectado. Dijo que la indignación de sus amigos le había sorprendido; la vida en su aldea transcurría con toda normalidad. Los lugareños no estaban afectados ni preocupados por la catástrofe, no estaba en sus consciencias. Por tanto, Eric no se sentía afectado anímicamente por el tsunami, como tantas personas en todo el mundo. Sin embargo, Mary, que vivía a miles de kilómetros de la catástrofe, se sentía profundamente trastornada. Esto se debía a que no dejaba de contemplar las terroríficas imágenes en la televisión, y porque estaba conectada a través del cordón energético al evento colectivo.

Recomendé a Mary que dejara de ver los informativos e hiciera algo útil con el tiempo que dedicaba a mirar la televisión, como ofrecerse para realizar algún trabajo voluntario o donar dinero a la Cruz Roja. Al cabo de una semana, Mary me llamó para darme las gracias por haberle sugerido que colaborara con la Cruz Roja. Dijo que en cuanto empezó a hacer algo positivo (y dejó de ver las noticias) se sintió mejor.

A raíz de la toma de posesión de Donald Trump en Estados Unidos en 2017, muchas personas se pusieron en contacto conmigo para compartir su profunda contrariedad. Algunas manifestaron que estaban tan angustiadas que incluso tenían síntomas físicos, como dolor de cabeza, problemas intestinales y dificultad para respirar. Muchas compartieron su ira y su depresión, asegurando que sus emociones les estaban causando graves trastornos en sus vidas. Algunas llamaron porque estaban enfadadas con quienes se mostraban contrariadas. «¡No es para tanto!», protestaban. En cualquier caso, todas esas personas habían permanecido pegadas a un medio de comunicación durante las elecciones, bien a la televisión o a Internet. Con su indignación y contrariedad alimentaban la nube colectiva de intensas emociones, y el colectivo de todos esos sentimientos negativos retornaba a ellas con renovado vigor.

Mi marido y yo no tenemos cobertura para televisión, de modo que no contemplamos el horror visual inmediato de guerras, huracanes, tsunamis, terremotos, crisis políticas y demás. Esto no quiere decir que no estemos informados de lo que ocurre en el mundo —escuchamos la radio y leemos la prensa—, pero no dejamos que las imágenes de los fascinantes eventos que ofrece la televisión a lo largo de todo el día nos altere. Hemos comprobado que cuando contemplas las imágenes televisivas de eventos mundiales es prácticamente imposible no conectar a través de los cordones energéticos con el inconsciente colectivo de dichos eventos.

Es importante saber lo que sucede en tu mundo, pero cuando te disgustas por un evento que no puedes cambiar o remediar, te despoja de tu energía y merma tu capacidad de hacer un impacto positivo en el mundo. Si no puedes evitar ver las imágenes televisivas de los desastres que ocurren en el mundo, te aconsejo que no te recrees en tus emociones, haz algo positivo: únete a una marcha, colabora en un trabajo voluntario, haz una donación, llama o escribe a tus representantes o haz unas llamadas telefónicas a otras organizaciones. Haz algo con respecto al asunto que te preocupa o disgusta. No dejes que tu frecuencia energética disminuya hasta el punto de que enfermes físicamente o te cause una inestabilidad emocional.

Hebras de sueños

Una mañana me desperté acariciada por los remanentes de un maravilloso sueño... sobre algas marinas. Que yo recuerde, nunca había soñado con algas marinas, ni solía pensar en ellas. No era algo que estuviera en mi radar. Fue un sueño muy curioso. Más tarde decidí llamar a mi hermana, Heather. Hacía meses que no hablábamos. Durante nuestra conversación telefónica, me contó que se había quedado dormida leyendo un libro sobre algas marinas. Entonces comprendí mi sueño.

Lo que había ocurrido era que los pensamientos de mi hermana sobre algas marinas —que había tenido poco antes de irse a dormir— habían viajado a través del cordón que nos conectaba a ambas. Estas imágenes de algas marinas viajando a través de la hebra la activó, haciendo que a mí se me ocurriera llamar a Heather. No es raro que los pensamientos y las emociones de las personas con las que estamos conectados por medio de nuestros cordones energéticos aparezcan en nuestros sueños.

No solemos tener hebras conectadas a nuestros sueños nocturnos, pero las cosas a las que estamos conectados aparecen a menudo en nuestros dramas nocturnos. Tus sueños pueden empezar a darte una idea más clara de dónde se hallan tus lazos de energía... y cuáles deberías potenciar o soltar.

Cuando escribas un diario para dejar constancia de tus sueños, empezarás a descubrir a qué estás ligado por medio de tus cordones energéticos. Presta atención a las pesadillas y los sueños repetitivos. Este tipo de sueños suelen ofrecer pistas.

Este es un ejemplo de cómo puedes descubrir hebras de afinidad en tus sueños: Laura, una de mis estudiantes, tuvo un inquietante sueño en el que se encontraba en una panadería donde la mayoría de los artículos eran bollos de Viernes Santo,[1] unos bollos dulces con una cruz dibujada con azúcar glas en la parte superior. De niña, Laura solía cantar las canciones infantiles sobre bollos de Viernes Santo. En su sueño, cuando trató de tomar uno, comprobó que estaba caliente y sintió como si alguien la obligara a meter la mano dentro del bollo. Al ver que no podía sacarla, se asustó.

Cuando Laura analizó su sueño, recordó que el apellido de su nuevo jefe era Cross. El primer día en que este acudió a trabajar y conoció a Laura, murmuró para sí: «¡Me pongo caliente con solo mirarte!» A partir de ese día siempre le prestaba una atención especial, haciendo que Laura se sintiera muy incómoda. Me dijo que

---

1. En inglés, *hot cross buns*. (*N. de la T.*)

necesitaba el trabajo y no quería crear problemas en la oficina, pero intuía que Cross le había clavado un cordón energético que hacía que se sintiera agotada.

Laura utilizó algunos de los métodos que aprenderás más adelante en este libro, y me dijo: «Denise, fue casi un milagro lo que ocurrió cuando utilicé tus métodos para desprenderme de ese cordón energético. Yo sentía que el señor Cross me observaba en el trabajo. A veces incluso me parecía como si me estuviera desnudando con la mirada. Odiaba ir a trabajar debido a él. Pero utilicé tu método para cortar el cordón y al día siguiente, cuando llegué a la oficina, fue como si el señor Cross no me viera. Fue maravilloso. Desde entonces trabajo tranquila, sin sentirme incómoda. Curiosamente, poco después el señor Cross fue despedido —ignoro el motivo—, y ahora tenemos un jefe al que adoramos. ¡Todo se ha resuelto de maravilla!»

Tus sueños pueden indicar conexiones energéticas de las que quizá no seas consciente pero que succionan tu energía, por lo que es muy importante que te acuerdes de analizarlos. Al igual que en el caso de cualquier método utilizado para resolver un problema relacionado con los sueños, te aconsejo que lleves un diario en el que escribas tus sueños en cuanto te despiertes. (La mayoría de los sueños los olvidamos a los diez minutos de despertarnos, por lo que es esencial que los anotes de inmediato.)

Hebras de conexiones astrales

¿Has estado alguna vez en un bar o un casino y más tarde te has sentido sucia o agotada, o has notado que eras presa de un cúmulo de confusas emociones? Es posible que un «ser astral» se conectara a ti cuando estabas en el bar. No todas las conexiones astrales te despojan de energía, pero muchas sí. Las conexiones astrales, llamadas también conexiones con entidades, pueden asumir numerosas formas.

Al igual que en la esfera física, donde bacterias, virus y parásitos nocivos alteran nuestra vida, hay también especies de patógenos no físicos que pueden conectarse a nosotros y complicarnos la existencia. Son seres etéricos generados por pensamientos humanos a los que se les ha infundido emociones e intenciones. Existen entidades astrales que flotan más o menos alrededor del éter y pueden adherirse a alguien que es vulnerable, que es receptivo o que está cansado. Parecen y producen la sensación de ser parásitos. Los videntes los describen como seres que adoptan diversas formas grotescas. La primera vez que «vi» estas entidades, me hallaba en el hospital después de mi dramática y traumática experiencia cercana a la muerte cuando tenía diecisiete años. Un gran número de estos grotescos «seres» pululaban por los pasillos y las salas del hospital. Algunos flotaban por el aire, otros permanecían pegados a una cama o silla del hospital... y parecían influir en los pensamientos y las emociones de quienes se hallaban cerca de ellos. Muchos tenían aspecto de duendes o gnomos. Se antojaban tan reales que me sorprendió que, aparentemente, nadie los viera. La buena noticia es que resulta relativamente fácil desprenderse de las conexiones con estas entidades. (Ver el Capítulo 3 para informarte de los métodos para eliminar las conexiones astrales.)

Algunas de las conexiones astrales más dañinas se adhieren a las personas que consumen muchas drogas o se emborrachaban con frecuencia. Las drogas, como las metanfetaminas, crean grandes destrozos en el campo áurico de una persona y no es raro ver un gran número de conexiones astrales adheridas a un adicto a la metanfetamina, hasta el extremo de que a veces ensombrecen a esa persona o incluso asumen su personalidad.

Cuando construimos nuestra casa, uno de los contratistas tenía un grupo de obreros que trabajan para él. Uno de ellos, al que llamaré Raymond, era un tipo muy simpático y jovial, que veía siempre la parte positiva de todo. Cuando nuestro adorado perro, *Pepper*, murió, Raymond se ofreció amablemente para cavar la tumba en la que lo enterramos, un gesto que siempre le agradeceré. Un día en que yo estaba conversando con Raymond, de pronto —sin previo aviso— sus ojos se oscurecieron y su rostro se contrajo en una grotesca máscara diabólica. Parecía como si una persona totalmente distinta me taladrara con su mirada. Me llevé un susto tremendo. Era como la escena de una película de terror.

Acto seguido, tan súbitamente como hacía unos minutos, la máscara diabólica desapareció y su rostro adquirió de nuevo rasgos normales, convirtiéndose de nuevo en el Raymond con quien yo había estado conversando. Él no parecía ser consciente de lo que había ocurrido..., y siguió charlando con toda naturalidad.

Más tarde, sin embargo, cuando le «exploré», observé que tenía numerosas conexiones astrales adheridas a él. Al día siguiente Raymond no se presentó en la obra, y tiempo después averiguamos que consumía metanfetamina, había cometido varios robos y había estado en la cárcel. Al cabo de un tiempo, cuando salió de la cárcel, empezó a comportarse y hablar de forma tan imprevisible, que su familia lo ingresó en un psiquiátrico.

No es raro que las conexiones con entidades astrales se multipliquen hasta el punto de que asuman la personalidad natural de la persona. Raymond es un ser humano maravilloso, pero los agujeros que presenta su campo áurico —debido a su consumo de metanfetaminas— habían permitido que entidades malévolas se adhirieran a él. Su energía conjunta era más potente que la personalidad innata de Raymond... y habían acabado apoderándose de él. (Es posible que un drogadicto tenga un campo energético fuerte, vibrante y resplandeciente, sin ningún tipo de conexiones, pero se requiere una personalidad centrada y disciplinada, lo cual no es frecuente.)

No temas que las entidades astrales te invadan o te causen un trastorno mental. *No pueden apoderarse de ti y asumir tu personalidad a menos que te halles en una situación vulnerable.* Solo pueden adherirse a algo dentro de ti cuya frecuencia coincida con la suya. Muchas personas atribuyen equivocadamente algunas de las cosas negativas que les suceden a entidades y seres astrales, lo cual es una forma de no afrontar los problemas que surgen en sus vidas. Dicho de otro modo, no se responsabilizan de las dificultades que se plantean en sus vidas, y achacan erróneamente la culpa a seres astrales. Cuando alguien se obsesiona con que entidades y seres astrales se inmiscuyen en su vida para complicársela, es probable que les esté concediendo demasiado poder, que sea una víctima crónica de la vida o que goce a nivel subconsciente con los grandes dramas que se producen en su vida. (Ver el Capítulo 3 para eliminar conexiones con entidades astrales de tu campo energético.)

Conexiones con fantasmas y espíritus terrestres

Las conexiones astrales son distintas de las conexiones con fantasmas. Un fantasma es un alma terrestre, o ser incorpóreo, que ha muerto pero que no ha logrado pasar al otro lado. Está atrapado en el plano terrestre, generalmente debido a una fuerte conexión con un lugar, evento o persona. Puede ser increíblemente agotador tener una hebra energética de un fantasma adherida a ti. Todo resulta más difícil. Tienes la sensación de cargar con un peso sobre los hombros y sientes una opresión en el pecho. Por suerte, es muy raro tener una conexión energética con un fantasma, aunque puede darse el caso, en especial si el fantasma era una persona que conocías cuando vivía o si está fuertemente vinculado a tu lugar de residencia.

Al igual que con otro tipo de conexiones energéticas, un fantasma solo puede perturbarte si existe una concordancia de frecuencias. Una persona puede vivir 20 años en una casa con un fantasma sin saberlo y sin que este la moleste si no hay una concordancia en las frecuencias y el fantasma no puede adherirse a nada. Y un visitante puede ir a esa casa y pasar la noche en ella y tener una experiencia fantasmal. Dicho de otro modo, entre el visitante y el fantasma se forma una hebra de energía, pero solo si algo en el visitante coincide con algo en el fantasma. Por ejemplo, si el fantasma era un alcohólico no declarado cuando vivía y el visitante también es un alcohólico no declarado, esto podría crear una hebra de energía entre ellos.

Conviene recordar que los fantasmas no pueden perjudicarte; es tu temor lo que te perjudica. Aunque pueden atemorizarte, es el temor y no el fantasma lo que crea problemas. Cuando Sam, un hombre que asiste a mis seminarios, se topó con un fantasma, trató de echar a correr y chocó contra una pared. Supuso que el fantasma lo había empujado contra la pared. Pero cuando reprodujo el evento, comprendió que había sido su temor lo que había hecho que chocase contra la pared; el fantasma no lo había empujado. *Tu temor* puede incluso crear fenómenos como puertas que se cierran con violencia, la sensación de que alguien te empuja o cosas que flotan en el aire. La energía psíquica del temor puede incidir en objetos físicos. Asimismo, el temor hace que el fantasma se aferre a ti con insistencia, por lo que es importante que eches mano de tu coraje. Tú tienes un cuerpo, ellos no. *Tú* controlas la situación. Deja a un lado tu temor y apóyate en la gracia, la comprensión y el amor, y los cordones fantasmales se disolverán.

La mejor forma de eliminar fantasmas es tratarlos como si fueran buenos amigos tuyos que pasan por momentos difíciles. Puedes decirles con tacto, amabilidad y cariño: «Hola. Siento mucho decírtelo, pero estás muerto… o, mejor dicho, tu cuerpo está muerto».

La mayoría de fantasmas no saben que están muertos. Están en una especie de limbo y no se dan cuenta de que han perdido su cuerpo. Para la mayoría constituye una revelación averiguar que ya no tienen un cuerpo. Cuando se dan cuenta, sienten como si les hubiesen quitado un gran peso de encima.

Luego, continúa: «Ha llegado el momento de que te dirijas hacia la luz. Encenderé una vela en tu honor, y los que se encuentran al otro lado te ayudarán a penetrar en la luz. Te deseo que tengas un buen viaje». A menudo, sientes el instante en que el fantasma se marcha. La llama de la vela aumenta, o una sensación de ligereza que invade la habitación. Es el momento en que el fantasma ha penetrado en la luz.

Algunas personas están muy apegadas a sus fantasmas, en especial si se sienten solas. Tener un fantasma en casa es como tener un compañero. Estas situaciones no suelen ser nocivas, y a veces son mutuamente beneficiosas. Pero en general es preferible que el fantasma se vaya a la luz.

Es relativamente fácil deshacerse de un fantasma, a menos que estuvieras emocionalmente muy apegado a esa persona cuando vivía. En casos excepcionales, quizá necesites contratar los servicios de un «cazafantasmas» profesional. (Ver el Capítulo 2 para más información sobre fantasmas.)

Hebras de patrones, adicciones y obsesiones

Una curiosa manifestación de lazos energéticos es cuando se produce una conexión a un patrón adictivo, un hábito o una obsesión. Hay un campo energético para cada adicción, y si estás conectado a uno, es difícil que no influya en ti. El problema es que, una vez que estás enganchado a la frecuencia colectiva de un patrón, la energía que fluye hacia ti desde el campo aumenta dentro de ti..., tras lo cual fluye de vuelta al campo energético colectivo para adquirir más energía y fluir de nuevo hacia ti. Se convierte en un ciclo vicioso, que es muy difícil romper cuando existe un patrón adictivo, un hábito o una obsesión. Estas son algunas de las hebras de energía más importantes que debes eliminar..., y si no lo haces, incurrirás en comportamientos repetitivos y perniciosos.

Este tipo de hebras pueden producirse con cualquier tipo de apego nocivo a cosas como comida, drogas, alcohol..., e incluso a una persona. Si estás obsesionado con algo que alguien hizo o dijo en el pasado y piensas en ello sin cesar, o miras obsesivamente el Facebook de esa persona, pasas en coche frente a su casa o miras tu móvil para ver si te ha enviado un mensaje de texto o te ha llamado, es probable que tengas una hebra obsesiva conectada con esa persona. (Si alguien hace esto con respecto a ti, significa que ha insertado una hebra malsana en *tu* campo energético.)

¿Hay algún alimento que no te sienta bien, pero estás obsesionado con él y, cuando lo comes —aunque tu mente se rebele contra ello—, no puedes parar de comerlo? Esto puede significar que tienes una hebra obsesiva enganchada a la frecuencia de ese alimento. (Sí, podemos tener hebras de energía que nos conectan con ciertos alimentos.)

Los patrones de conducta nocivos y las hebras obsesivas y adictivas son extremadamente difíciles de eliminar. A menudo requieren más que una ceremonia para cortar el cordón. Requieren que entres en un profundo estado meditativo para averiguar dónde está localizado el cordón y luego examines los recuerdos y los eventos dentro de ti que están conectados a él. El siguiente paso consiste en penetrar en cada uno de esos eventos para cortar los cordones. Este tipo de cordones suelen estar enlazados con otras hebras, de modo que, si cortas un cordón pero no vas a la fuente del cordón original al que está adherido, vuelven a formarse casi de inmediato. (Ver el Capítulo 2 para averiguar el origen de tus hebras.)

He aquí un ejemplo de este tipo de problema: Brianna me llamó porque estaba obsesionada con un exnovio. Me dijo: «Denise, no dejo de pensar en él. Sé que no debería hacerlo, pero es como si lo persiguiera. Paso en coche frente a su casa, miro su Facebook para tratar de averiguar qué hace... Pienso en él a cada momento. Sé que Tim no me llamará, pero no dejo de mirar mi móvil para ver si me ha llamado. Miro continuamente las fotos de cuando estábamos juntos. El caso es que no me gustaba tanto, pero cuando rompió conmigo, me llevé un disgusto tremendo. He tratado de cortar los cordones, pero no lo he conseguido. Necesito ayuda».

Más tarde, durante una sesión privada, Brianna emprendió un relajado viaje meditativo en el que halló la «hebra de Tim» y la siguió hasta localizarla dentro de ella. Le asombraron los recuerdos que encontró pegados a la hebra. Cuando Brianna tenía nueve años, su padre abandonó a la familia, causando un profundo trauma a la niña. No volvió a saber de él. Pensaba constantemente en su padre (e incluso temía que ella fuera la culpable de que él se hubiera marchado).

Aunque de mayor dejó de pensar en su padre continuamente, las hebras seguían en su campo energético. De modo que, cuando Tim rompió con ella, fue como si su padre la abandonara por segunda vez. La hebra de Tim se había enredado con la hebra de su padre, por lo que no era suficiente con que cortara la hebra de Tim. Durante su meditación, Brianna logró cortar los cordones nocivos que la conectaban con su padre.

Puedes mantener una relación y eliminar al mismo tiempo cualquier cordón negativo. Aunque sueltes un cordón que te despoja de energía no significa que dejes de mantener una relación con esa persona. Significa que la hebra negativa que fluye entre los dos ya no succiona tu energía. Es importante tener esto en cuenta, en especial en lo que respecta a las relaciones familiares.

Al cabo de una semana, Brianna me llamó. «¡Es increíble, Denise! No hice nada para desprenderme de Tim, pero apenas he pensado en él desde hace una semana. Mi obsesión ha desaparecido por completo. Por lo visto, al cortar los cordones malsanos que me ligaban a mi padre durante la meditación, eliminé la energía negativa entre Tim y yo. Me siento mucho mejor. ¡Gracias!»

Por tanto, si tratas de eliminar una hebra adictiva u obsesiva, quizá debas tratar de ahondar en el problema y tratar de localizar la hebra original y eliminarla en primer lugar.

Hebras de un sanador/terapeuta/maestro/médico

Si eres sanador o masajista terapeuta, es probable que hayas tenido la experiencia de haber atendido a un paciente que padecía un determinado dolor o trastorno y que, después de haberlo sanado, te lo traspasó a ti. Gina era una excelente masajista terapeuta que vino a verme porque estaba convencida de que absorbía todos los dolores y los achaques de sus clientes. Me dijo: «Denise, todos se van sintiéndose felices y aliviados, pero yo me siento agotada, como si experimentara las dolencias de mis pacientes».

Esto ocurre a menudo porque el cliente crea un lazo energético muy fuerte con el sanador. La energía benevolente del sanador fluye hacia el cliente, y el dolor del cliente fluye de vuelta hacia el sanador. Este tipo de conexión energética puede formarse también entre un cliente y un terapeuta, un maestro, un mentor espiritual o un médico. Si ejerces una profesión que consiste en ayudar a los demás y notas que tu energía disminuye después de trabajar con tus clientes, conviene que aprendas a cortar los lazos energéticos de inmediato, para no absorber los desequilibrios de otros.

Es muy importante que tengas en cuenta que si absorbes una dolencia o un problema de un cliente, o absorbes algo de un amigo o conocido, *no* es culpa de la otra persona. *No le eches la culpa.* No tiene ninguna culpa. (No lo habrías absorbido de no existir una coincidencia en las vibraciones que hay en ti.) Si hubiese algo que reprochar —que no lo hay—, sería el que tú veas a esa persona como un ser enfermo y disminuido.

Cuando sentimos profunda compasión por las dolencias o las desgracias de los demás, no es raro que absorbamos sus males. Esto suele ocurrir porque eres una persona bondadosa y compasiva. Sin embargo, también significa que ves a tu cliente, amigo o conocido como su dolencia o desgracia..., en lugar de ver el ser íntegro, majestuoso y extraordinario que es. Si, por el contrario, *no* ves a esa persona como alguien enfermo o disminuido, sino como un ser humano glorioso y fuerte —e interactúas con él como tal—, no absorberás nada negativo de él. Asimismo, cuando tratas a esa persona como a un ser humano íntegro, fuerte y sano, haces que recuerde quién es y que se esfuerce en potenciar su vitalidad. Si tratas a alguien como si estuviera enfermo o incapacitado de alguna forma, así es como esa persona se verá, y es posible que acabe enfermando o padeciendo algún desequilibrio.

Hebras de mantras, cantos y oraciones

Cada vez que rezas una oración, como el Padrenuestro, o entonas la palabra sánscrita *om*, se desenrosca una hebra que te conecta al inconsciente colectivo de la oración o el canto. Toda persona que reza una determinada oración o entona un determinado mantra incrementa la vibración y fuerza vital de la energía colectiva. *Cuantas más personas entonan un mantra o rezan una oración, más potencian la fuerza vital de esa oración.* Ese es el motivo de que los antiguos cánticos sean tan poderosos. Miles de personas (e incluso millones) han creado una increíble fuente de energía, que, a su vez, crea un profundo circuito de energía. Así pues, cuando entonas las palabras *om namah shivaya*, por ejemplo, esta energía se transmite a través de un cordón que fluye de ti hacia lo colectivo, tras lo cual se produce un potente incremento de energía y luz procedente del colectivo que retorna a ti. Mi primera maestra, la *kahuna* hawaiana que cité en el prefacio, me contó que existe un potente colectivo de luz y energía asociado al Padrenuestro que tiene la facultad de sanar y proteger. Mi maestra no era una cristiana tradicional, pero tenía una asombrosa habilidad para percibir energía, y me animó a repetir el Padrenuestro. Curiosamente, mis abuelos cheroquíes rezaban con frecuencia el Padrenuestro, aunque en cheroquis. Decían que poseía gran majestuosidad y gracia.

Las hebras y tus chakras

Cordones, hebras o filamentos de energía pueden adherirse a cualquier parte del cuerpo, pero el lugar más habitual son tus chakras. Los chakras son los centros de energía ubicados en tu cuerpo. Están alineados con varios aspectos de tu vida. Por ejemplo, el chakra ubicado en el centro de tu pecho se denomina chakra del corazón. Este chakra está alineado con los asuntos del corazón. Las hebras de energía que tienen que ver con las relaciones, las conexiones sentimentales, los amantes y las emociones relacionadas con la familia se adhieren al chakra del corazón. Cuando practiques un método para ayudarte a comprender y explorar las hebras de energía que te conectan con el mundo que te rodea, conviene que te informes sobre tus chakras y el tipo de cordones que pueden adherirse a diversas zonas.

A continuación te ofrezco una lista de los chakras y los cordones que suelen adherirse a estas zonas.

Primer chakra. Es el centro de energía ubicado en la base de tu columna vertebral. Se denomina el cordón de estabilidad y chakra raíz. Te conecta con la tierra y el aspecto físico del yo. Te sostiene en tu fuerza física y a la hora de activar tus instintos de supervivencia en caso necesario. Aquí es donde los cordones sexuales pueden adherirse, en especial los relacionados con eventos traumáticos. También es el lugar donde puede adherirse una pareja demasiado dependiente emocionalmente. No es raro que los niños de corta edad tengan lazos energéticos adheridos aquí, ya que para ellos representa un lugar de estabilidad y conexión con la Madre Tierra. Para ellos constituye una especie de base energética. Asimismo, cualquiera que trate de controlarte o manipularte puede tener cordones adheridos aquí.

Segundo chakra. Este centro de energía está ubicado aproximadamente a medio camino entre tu ombligo y tu chakra raíz; a veces se denomina el chakra sacro, aunque está ubicado por encima de tu sacro. A menudo las emociones de otros se adhieren aquí, además de las emociones en general y los sentimientos con respecto a quienes te rodean. Esto puede incluir emociones relacionadas con amantes. Asimismo, es frecuente que residan aquí lazos emocionales con grupos, religiosos, espirituales o políticos. También se conectan aquí lazos familiares y de grupos ancestrales.

Tercer chakra. Es el centro de energía ubicado junto a tu plexo solar, y se denomina el chakra del plexo solar. En este centro de energía es donde suelen adherirse la mayoría de cordones energéticos en el cuerpo, puesto que está íntimamente conectado con el temor. Cualquier temor primordial, reprimido o de escasa intensidad pero constante relacionado con una persona o situación, suele residir aquí. Por lo demás, si tu autoestima deja mucho que desear, esta es la zona por la que las conexiones negativas se cuelan más fácilmente a través de tu barrera protectora y se adhieren a tu cuerpo.

Cuarto chakra. Este centro de energía, ubicado en el centro de tu pecho, suele denominarse el chakra del corazón, pues es donde se adhieren la mayoría de conexiones sentimentales. Esto suele ser positivo, a menos que exista un desequilibrio en la conexión sentimental. A menudo, los sanadores y los maestros espirituales tienen cordones energéticos adheridos aquí relacionados con sus pacientes y sus estudiantes. Cuando este chakra se bloquea, es difícil que el amor fluya con facilidad. También puede existir un sentimiento de desesperanza generado por los cordones adheridos aquí.

Quinto chakra. Este centro de energía se denomina el chakra de la garganta porque está ubicado en el centro de la parte inferior de tu garganta. Está relacionado con la comunicación, esto es, con la incapacidad de comunicar los sentimientos que alberga tu corazón o comunicar en exceso, lo cual es negativo. Si alguien reprime tu capacidad de comunicar, generalmente es porque hay una conexión energética en este chakra que fluye de esa persona hacia ti. Cuando este chakra se bloquea, es prácticamente imposible decir la verdad y expresar tus inquietudes.

Sexto chakra. Llamado el chakra del tercer ojo, este centro está asociado a tu intuición y tu capacidad de sentir las esferas invisibles. Si alguien quiere «meterse en tu cabeza», o si desea tu sabiduría, el cordón energético suele adherirse al sexto chakra. Asimismo, si estás excesivamente vinculado a alguien que ha fallecido, aquí es donde suele producirse la conexión energética.

Séptimo chakra. Conocido como el chakra de la corona, es el área que nos conecta con lo divino. Las conexiones energéticas que se producen aquí pueden ser muy bellas, como resplandecientes hilos de luz, pero también pueden producirse conexiones procedentes de quienes te consideran la vía de acceso a lo divino. Pueden desear o envidiar tu conexión con las esferas celestiales, de modo que se conectan a nivel subconsciente aquí. Es importante que este chakra no tenga conexiones procedentes de quienes desean que creas sin cuestionar esas creencias, al igual que ellos. Este tipo de cordones suelen proceder de líderes religiosos, maestros, personajes políticos y personas dominantes.

Hay otras zonas del cuerpo donde se producen conexiones energéticas, pero los chakras o centros de energía son los más comunes.

Hebras celestiales

De niña viví con mis abuelos durante dos años, de los nueve a los doce. Mi abuela paterna era astróloga; elaboró mi carta astral el día que nací. Ella y mi abuelo se habían formado con el místico Manly P. Hall. Cuando yo vivía con ella, mi abuela me hablaba del efecto y el influjo de las estrellas en nuestra vida. Decía que hilos invisibles nos conectaban a cada uno de nosotros con las estrellas, dependiendo de su posición en el momento de nuestro nacimiento. De niña, yo imaginaba que podía ver estos hilos de luz a los que se refería mi abuela. De mayor, me fascina nuestra conexión con los cuerpos celestes.

La mayoría de las hebras que nos conectan con el cosmos son tal delgadas que son casi irreconocibles; no obstante, estamos profundamente conectados con el universo y todo lo que contiene. Todos tenemos hebras de energía que fluyen hacia las estrellas, la luna, el sol y el espacio inabarcable de cuerpos celestes. Por eso la astrología funciona. También hay hebras de energía que nos conectan con nuestros ángeles y espíritus guías. Estas son las hebras que debemos reforzar para potenciar la conexión. (En el Capítulo 5 aprenderás a reforzar los cordones que te empoderan.)

Hebras que se solapan

En algunos casos los cordones de energía están enredados o se solapan, por lo que tratar de separarlos es como tratar de deshacer una maraña de hilos. Cuando esto ocurre, se produce una interesante dinámica. Si una persona proyecta una intensa emoción que se transmite a través de un cordón enmarañado, alcanzará a *todas* las personas cuyos cordones estén enredados. Por tanto, si Marsha se siente deprimida y tiene un grueso cordón de energía conectado a su amigo Jerry y tan solo un filamento conectado a Ken, que es un conocido, pero las hebras de Jerry y de Ken se solapan, la depresión y el abatimiento de Marsha pueden influir tanto en Jerry como en Ken, porque las hebras están entrelazadas.

Otro ejemplo, en el que unos cordones enredados aparecen en un sueño: Helen soñó con su primo Jake, pero en su sueño este se llamaba Will. Estaba enterrando unos cadáveres en su jardín trasero. En el improvisado cementerio también estaba presente, arrojando tierra sobre la fosa con los pies, Theresa, una amiga de la infancia con la que hacía muchos años que Helen no tenía contacto. De jovencita, Theresa siempre había tratado de perjudicar a Helen de alguna forma, por más que mostraba un aspecto de lo más inocente.

Era un sueño muy inquietante y real. Cuando Helen empezó a analizarlo, pensó en lo que ocurría en su familia. Su familia extendida (incluyendo a su primo Jake) estaba inmersa en un intenso debate sobre el testamento que había dejado el abuelo de Helen. Esta dedujo que su sueño indicaba que había ciertos aspectos relacionados con el testamento que permanecían enterrados. Sospechaba que Jake —aunque mostraba una actitud amable y cordial— era la persona que ocultaba dicha información. (Helen no creía que fuera una casualidad que en su sueño Jake se llamara Will.)[2] Cuando pensó en ello, comprendió que había algo similar en la forma en que Theresa y Jake mostraban una actitud aparentemente amable a la vez que ocultaban sus verdaderas intenciones. Concluyó que sus hebras se habían enredado. Observó que después de ese sueño, cada vez que pensaba en Jake, pensaba también en Theresa. Sus frecuencias coincidían, de ahí que sus hebras estuvieran enredadas en la mente de Helen. Supuso que cualquier energía que recibía Jake alcanzaba también por extensión a Theresa. Posteriormente, Helen averiguó que Jake había tratado literalmente de «enterrar» algunas cosas referentes al testamento y había mentido.

---

2. *Will* significa en inglés «testamento». (*N. de la T.*)

Hebras colaterales

A veces las hebras de energía se transmiten de forma colateral. Hace muchos años —antes de casarme— viajé a Hawái para visitar a mi hermana y tratar de recuperarme de una época difícil en mi vida. No había estado nunca en Hawái, y el viaje me hacía ilusión. Antes de partir, una amiga me entregó un trozo de papel doblado. Me dijo: «Denise, aquí tienes el nombre y el número de teléfono de un amigo que vive en Hawái. Creo que sería estupendo que os conocierais. Estoy segura de que tenéis muchas cosas en común». Yo le di las gracias y guardé el papel en el fondo de mi bolso.

Hawái me encantó. Me alegré mucho de ver a mi hermana y, después del invierno gris y deprimente de Michigan, fue maravilloso gozar del tiempo soleado y cálido. Mientras la herida de mi corazón sanaba, encontré trabajo como camarera en uno de los bares situados a lo largo de la costa de Waikiki. El barman, Gary, era muy simpático y atractivo, y cada vez que le pasaba el pedido de un cóctel bromeábamos mientras él lo preparaba. Al cabo de un tiempo empezamos a salir juntos. Era divertido averiguar diversos detalles sobre la isla desde la perspectiva de Gary. Averigüé donde se hallaban las mejores playas y qué tiendas ofrecían un amplio surtido de joyas de jade. Un día, cuando Gary y yo llevábamos saliendo varios meses, decidí vaciar mi bolso. Al hacerlo encontré, oculto en un rincón, el trozo de papel doblado que me había dado mi amiga Bridget. Al abrirlo vi, escrito con su bonita letra, ¡el nombre completo y número de teléfono de Gary!

Este es un ejemplo de hebras colaterales, porque Bridget estaba conectada a mí y también a Gary mediante cordones energéticos. Gary estaba conectado colateralmente a mí, pero ambos nos habíamos conectado *sin saber nada el uno del otro.*

Hebras del alma

Algunas personas están conectadas tan profundamente a nivel del alma, que, aunque se encuentren a medio mundo de distancia, se sienten a través de las conexiones de sus cordones. Conocí a Marika hace muchos años, cuando fui a Londres para impartir clase en un festival de mente-cuerpo-espíritu. Simpatizamos enseguida; fue como si nos conociéramos de toda la vida. La gente nos decía siempre que parecíamos hermanas. Esto es muy extraño, porque yo soy una mujer corpulenta y ella es menuda. Marika es pálida de piel y pelirroja, y yo tengo el pelo oscuro y la piel aún más oscura. Ella es muy estilosa y mi estilo es retro-*hippy* (más *hippy* que retro). Ella es finlandesa y yo estadounidense. Pero, cuando estamos juntas, la gente intuye nuestra conexión a nivel del alma y piensa que nos parecemos. (En realidad no nos parecemos en nada.)

Cuando charlamos sobre nuestras respectivas vidas, parecía algo salido de una historia de ciencia ficción, debido a las numerosas analogías. Por ejemplo, ambas escribíamos libros sobre mente-cuerpo-espíritu y las dos tenemos hijas que cocinan en los retiros y los seminarios que organizamos. De hecho, ambas hemos escrito un libro de cocina junto con nuestras hijas. Ambas empezamos a ofrecer cursos profesionales de *feng shui* al mismo tiempo en nuestros respectivos países, cuando apenas nadie sabía qué era *feng shui*. Ambas comenzamos a impartir clases —al mismo tiempo— de una técnica que ambas denominamos «*coaching* del alma». A las dos nos gusta que nos regalen lilas en nuestro cumpleaños. Pero la cosa resultó aún más chocante cuando averiguamos que ambas habíamos comprado el mismo día un cedé que apenas nadie conocía y una barra labial, del mismo color, también el mismo día. La lista de similitudes era muy larga. Pero lo más extraño fue algo que ocurrió hace décadas, antes de que nos conociéramos. Marika había ido a Helsinki para hacerse un análisis de sangre, y el médico le preguntó: «¿Ha comido muchas papayas?» Marika respondió: «No».

El médico continuó: «Bien, entonces debe de haber tomado grandes dosis de enzima de papaya».

Marika contestó: «No, nunca he tomado enzima de papaya. ¿Por qué me lo pregunta?»

El médico la miró sorprendido y respondió: «Su sangre contiene dosis muy altas de enzima de papaya, y no sabemos qué explicación puede tener».

Curiosamente, en ese momento de mi vida, yo vivía en Hawái. La zona donde residía estaba llena de papayos, cargados de frutos maduros listos para ser consumidos. Yo tenía muy poco dinero, de modo que me alimentaba de papayas y mangos, por lo que mis niveles de papaína debían de ser muy elevados.

Marika y yo estamos conectadas a un nivel tan profundo del alma que, aunque vivimos a miles de kilómetros la una de la otra, nuestra conexión energética es tan potente que entre nosotras se transmite casi al instante todo tipo de información y percepciones. Es posible que haya personas en el planeta con las que compartas también hebras del alma. Puede que las conozcas y puede que no llegues nunca a tener contacto con ellas, pero estas conexiones son tan potentes que pueden sentirse a través del tiempo y el espacio.

Hebras de ordenadores y redes sociales

En el ámbito de Internet existe un sistema moderno de cordones energéticos. Quizá tengas hebras que te conectan con amigos en Facebook que no conoces en persona. En tal caso, te recomiendo que te asegures de que tus amigos en las redes sociales son gente con la que te sientes a gusto. Los correos electrónicos que entran en tu ordenador (y permanecen en tus archivos) pueden estar conectados a ti por medio de delgadas hebras de energía. ¿Recibes correos electrónicos que te dan mala espina y que puedes eliminar? Si has guardado mensajes telefónicos de personas con las que has cortado cordones energéticos, esos mensajes seguirán reconectándote con la frecuencia de esas personas. Al guardar esos mensajes, conservas una parte de la energía de esas personas. Las personas que tienes en tu agenda, aunque no pienses en ellas a menudo, están conectadas a ti mediante hebras de energía. ¿Hay alguien en tu agenda con quien mantienes una relación poco positiva? En tal caso, conviene que lo borres de tu lista.

Hebras conectadas a objetos en tu casa

Puedes tener cordones que te conectan a objetos además de a personas, animales y plantas. Una persona que se niega a abandonar su casa aunque se produzca un huracán tiene cordones que la conectan a su casa con más fuerza que a su cuerpo. La mayoría de objetos en tu casa, y la propia casa, tienen hebras de energía que fluyen entre tú y ellos.

Los objetos inanimados tienen una vida secreta. ¿Has observado alguna vez que tu coche funciona de modo distinto cuando otra persona se sienta al volante? ¿O has notado que la lavadora o el lavavajillas no funcionan igual cuando otra persona los utiliza? Al igual que los animales y las plantas tienen una energía característica, los objetos inanimados también la tienen. La materia física tiene la capacidad de absorber las características emocionales de las personas que hay a su alrededor e incluso puede transmitir ecos del pasado. Y los humanos pueden imprimir su energía a los objetos, incluso hasta el punto de que emerja una identidad del objeto. Una máquina u objeto cuya frecuencia concuerda con la tuya (y tiene hebras de energía conectadas a ti) funciona mejor si lo manipulas tú en lugar de otra persona. Esto es especialmente evidente en el caso de viejos aparatos y coches.

Tu energía está también fuertemente conectada a las fotos que tienes en tu casa, así como a tus recuerdos y reliquias de familia. Si algunos de estos objetos tienen asociaciones negativas, pueden mermar tu energía, aunque no estén expuestos. Esta es una de muchas razones por las que conviene que mantengas tu casa despejada de trastos inútiles. En el Capítulo 5, te ofrezco más información sobre el impacto de la acumulación de objetos en tu casa y tu conexión energética con ellos.

Conductos solares

¿Has observado que hay ciertas personas extraordinarias en cuya presencia tu energía siempre aumenta, pero ellas no se muestran agotadas o despojadas de su energía por ti u otras personas? Estas personas son como el sol. No despojas al sol de su energía cuando lo tomas, sino que reflejas su luz. Estos seres están conectados a una fuente de energía y son conductos de resplandecientes hilos de luz y vitalidad. Tienen tantos hilos dorados de luz moviéndose a través de ellos que parece como si irradiaran luz solar. Algunos gurús y santos pertenecen a esa categoría, pero la mayoría de conductos solares son seres normales y corrientes que tienen el don de permitir que una cascada de luz emane de ellos. Su buena suerte puede aumentar o disminuir y pueden experimentar una amplia gama de emociones, pero eso no suele representar ningún menoscabo para ellos, porque no es su energía lo que fluye en una incesante cascada a través de ellos: es una especie de energía universal lo que se canaliza a través de estas personas.

A veces tú y yo nos convertimos también en conductos solares. A veces estamos conectados a la fuente, de modo que todos los que nos rodean se sienten revitalizados, pero nosotros no nos sentimos faltos de energía. Es más, nuestra energía puede aumentar al mismo tiempo que aumenta la energía de quienes nos rodean, porque cuanta más energía proyecramos, más fluye hacia nosotros. En esos momentos nos convertimos en conductos. Cuando eso sucede, experimentamos una sensación maravillosa. Alcanzamos ese estado durante la meditación, a veces cuando estamos en contacto con la naturaleza y nos sentimos conectados a todo, y a veces ocurre cuando estamos enamorados. Es como si nos halláramos en estado de gracia. Para convertirnos en conducto solar, una de las cosas más importantes a tener en cuenta es no tomarnos las cosas personalmente.

Conductos protectores

Al igual que algunas personas son conductos de energía vital, otras portan una especie de energía protectora. Cuando estás en presencia de ellas, las hebras de energía debilitante no pueden penetrar en ti. Es como si estuvieras bajo su paraguas protector. Estas personas suelen dedicarse a profesiones que ayudan a otros, como enfermería, servicios sociales, urgencias médicas, servicios de ambulancia, policía e incluso funcionarios de prisiones. Las tragedias que ocurren a su alrededor no las desestabilizan, y constituyen un refugio para personas que pasan por tiempos duros. Por supuesto, no todas las personas que trabajan en esos campos son así —solo un pequeño porcentaje—, pero eres consciente de ello cuando estás junto a uno de estos seres. Son como un puerto seguro en una tormenta.

A menudo los videntes ven colores asociados a diversas hebras y cordones de energía, y las personas que son conductos protectores suelen tener hebras de colores fríos, como el azul cobalto, y tonos iridiscentes fríos. Y, al igual que los conductos solares, tienen tantas hebras que casi parece que irradien un color sólido. Rara vez se sienten agotadas o debilitadas por las personas que las rodean. Otro rasgo que comparten en común con los conductos solares es que no suelen tomarse nada personalmente. Parece como si los golpes de la vida les resbalaran, sin llegar a afectarles.

Conectar con la fuente

Las hebras de energía más beneficiosas son las que te conectan con las grandes fuerzas del universo. Hay muchos nombres para esa fuerza: Creador, Consciencia Cósmica, Dios, Diosa, Fuente, Gran Misterio, Benefactor Divino, Fuerza Vital Universal, Madre Naturaleza, Amor y así sucesivamente. Sea cual sea el nombre que des a esta fuerza, es la que nos sostiene: es la fuerza que conecta a todas las cosas y a todos los seres. Tú tienes una hebra que te conecta con esa fuerza. Puede ser delgada como un hilo o gruesa como un gigantesco secoya, pero estás conectado con tu fuente. Cuanto más fuerte es esta conexión, más equilibrada es tu vida. Hay muchas formas de amplificar e intensificar esa hebra de conexión con la fuerza creativa. Para algunos, es la meditación o el yoga; para otros, la música, la pintura o el baile; para otros, es pasar tiempo en contacto con la naturaleza o en un retiro y en soledad... Sea cual sea tu camino, debes explorarlo. Expandir las hebras que te conectan con el Creador es el empeño más valioso de tu vida.

En este capítulo has empezado a aprender en qué consisten las hebras y el tipo de hebras que puedes tener adheridas a ti. En el próximo capítulo descubrirás exactamente qué hebras tienes en estos momentos. También aprenderás a explorar tu energía corporal para sentir las que te agotan y las que te revitalizan.

2

EXPLORAR TUS HEBRAS

Imagina a una mujer fuerte en la cima de una colina de noche bajo las estrellas. Tiene los pies bien plantados en la tierra y los brazos levantados al cielo. Ves las hebras de energía que fluyen de sus chakras. Algunas son muy delgadas y delicadas, como el hilo de una telaraña. Otras están tirantes, tensadas casi al límite. Algunas están a sus pies, enroscadas como cuerdas viejas y abandonadas. Otras parecen estar enredadas entre sí, como espaguetis. Algunas parecen hechas de luz y se elevan hacia las estrellas y la luna; otras se hunden en la tierra. Cada filamento, cinta, hebra o cordón transporta distintos colores y sonidos. Algunos se mueven, vibran y ondulan (como siguiendo el ritmo de la melodía que toca una banda invisible), otras parecen casi sólidas y congeladas en el tiempo. Puede haber una que tiene un color rojo fuego que es dura y lacerante: el punto donde se inserta en el cuerpo de la mujer tiene un aspecto llagado, como una herida.

Si pudieras ver los ríos de energía que fluyen hacia y desde tu cuerpo, lo que verías se asemejaría a esta descripción. Verías que estás conectada a cada parte del universo a través de tus hebras y filamentos de energía. La mayoría de los que penetran en ti insuflan vida y son portentosos. Sin embargo, quizás observes algunos que podrían debilitarte, como la hebra roja y lacerante que se inserta en la mujer de la colina. En este capítulo descubrirás los efectos de las hebras que te despojan de energía y cuándo debes soltar esos cordones malsanos. Aprenderás también cómo «ver» tus hebras y descifrar cuáles te están impactando. A medida que descubras las características de los cordones negativos y los métodos para reconocerlos, conviene que tengas en cuenta algunos aspectos sobre la energía.

El actual paradigma de nuestra cultura —o forma de contemplar la realidad— es que el mundo constituye una ingrata esfera de separación. Un lugar donde impera el temor y los abismos entre personas y lugares. Sin embargo, empieza a emerger una nueva realidad en la que la unidad, la unión, la interconexión instantánea y el «aquí y ahora» comienzan a florecer. Conforme la brecha entre lo viejo y lo nuevo disminuye, conviene tener un pie en cada realidad a fin de no precipitarnos en el vacío. Y es importante honrar cada realidad. A continuación te ofrezco información sobre la profunda naturaleza de tus hebras.

LA PROFUNDA NATURALEZA DE LAS HEBRAS DE ENERGÍA

Tus hebras te permiten crecer. Desde una perspectiva espiritual, hemos venido a este planeta para crecer, y a menudo crecemos debido a nuestros desequilibrios. Una planta que se esfuerza por abrirse paso a través de la tierra pedregosa suele ser más sana que una planta que vive en un ambiente protegido. Los retos a los que te enfrentas en la vida te permiten pulir y perfeccionar las facetas de la gema que eres. Te permiten crecer en tanto que ser espiritual. Como suele decirse, «no aprendemos humildad de nuestros amigos». Esto significa que muchas veces crecemos más a través de la falta de armonía. Por tanto, en lugar de quejarte de las hebras aparentemente negativas que tienes, hónralas y alégrate del valor que adquieres en la vida cuando aprendes a afrontarlas. Si tienes hebras que crees que te debilitan de alguna forma, conviene que reconozcas que forman parte de tu viaje espiritual.

No es una casualidad que tengas ciertos cordones adheridos a ti. El tipo exacto de hebras que tienes y en qué lugar están adheridas a ti no es una casualidad. *Siempre* existe una concordancia de frecuencias. Si quieres saber qué es lo que no aceptas en ti mismo o qué rasgos criticas en ti, busca las hebras que te despojan de energía. Si quieres saber qué debes celebrar, amar y aceptar en ti, examina las hebras que te inspiran a llevar a cabo grandes empeños y un amor más profundo. Nada puede adherirse a ti a menos que exista a cierto nivel una concordancia de energías. Es la ley de atracción. Sin embargo, si tienes cordones negativos no debes sentirte culpable por ello: forma parte del gran baile de la vida en nuestro planeta. Todos tenemos hebras negativas. Y todos aprendemos de ellas. No son una casualidad.

Ahí fuera no hay nadie excepto tú. En un profundo sentido espiritual, ahí fuera no hay nadie excepto tú. He hablado de esto en la introducción, pero deseo abundar más en ello.

¿Qué significa que ahí fuera no hay nadie excepto tú? En los momentos en que los médicos pensaban que yo había muerto cuando tenía 17 años, pasé al «otro lado» y experimenté una profunda sensación de unión y unidad con todas las cosas y todos los seres. Esta percepción era tan natural como respirar y tan auténtica y real como todo cuanto yo había experimentado.

Desde mi atalaya en el «cielo», «vi» que cuando estamos en el plano terrestre nos sentimos separados de todo y de todos. Creemos que otros pueden dañarnos; por tanto, nos protegemos del mundo que nos rodea. Esta creencia colectiva es tan potente que, cuando no nos protegemos, resultamos dañados. Puesto que lo creemos, es así. No obstante, esta creencia es una falsa ilusión. Lo cierto es que todos somos distintas facetas de una gema eterna de luz, amor y espíritu; como he mencionado antes, no hay nada «ahí fuera» que pueda dañarnos realmente.

El problema es que no solemos experimentar esta maravillosa sensación de unión con todo y con todos. Quizá la experimentamos en algunos momentos, cuando meditamos o cuando hacemos el amor, cuando alcanzamos un estado superior de consciencia. Pero en general todos estamos convencidos de la realidad de la separación. Nos parece absolutamente real, en especial cuando nos sentimos heridos en nuestros sentimientos o alguien nos despoja de nuestra energía. Estamos convencidos de que no nos hemos perjudicado nosotros mismos..., sino que ha sido otra persona. ¿Quién puede imaginar lo contrario? Lo entiendo, puesto que yo tampoco suelo experimentar una sensación de gracia y unión con el universo. Por regla general, me siento separada de los demás y del mundo que me rodea. Pero lo extraordinario es que recuerdo la experiencia de comprender que todos somos una misma cosa. No lo experimento, pero lo recuerdo.

Si te pareces a mí, y no sueles experimentar una especie de unidad celestial, sino que te *comportas* como si estuviésemos separados unos de otros, tu vida empezará a cambiar a partir de ahora. Utiliza tu imaginación para visualizar un campo vital inmenso y unificado. Con el tiempo, empezarás a comprender que todas las hebras —tanto las que consideras negativas como las que consideras positivas— forman parte de ti, y que las hebras negativas pueden reflejar cualidades que no has aceptado, amado o abrazado.

Esto no significa que no debas cortar algunos cordones; debes hacerlo. Esto no significa que no debas protegerte; debes hacerlo. Pero debes saber que esos cordones constituyen en realidad un reflejo de algo que está dentro de ti. Cuando comprendas que no solo eres tu cuerpo sino la montaña y el roble, y cuando comprendas que cada persona que conoces no solo es parte de ti sino de una sensación más expandida del yo, empezarás a entender la profunda naturaleza de la vida.

No siempre recordamos nuestra fuente espiritual, y con frecuencia olvidamos quiénes somos; por tanto, este capítulo es para esos momentos en que olvidas. Al mismo tiempo, aprenderás por qué y cuándo debes eliminar ciertas hebras.

SÍNTOMAS DE CONEXIONES AGOBIANTES

A menudo hay síntomas que indican que tienes hebras adheridas que te despojan de energía. Por supuesto, puede haber muchas razones que expliquen estos síntomas, pero a veces hay alguien o algo que te está robando tu energía. Repasa los siguientes síntomas para comprobar si alguno se aplica a ti.

Agotamiento crónico. A veces el agotamiento puede deberse a una falta de sueño, a una dieta poco saludable o al hecho de hacer algo que no te gusta hacer. Pero a veces el agotamiento que sientes proviene de hebras debilitantes que están adheridas a ti, a través de las cuales pierdes tu fuerza vital. Si te sientes constantemente agotado y no encuentras ninguna razón física, es posible que algo o alguien esté succionando tu energía. En la mayoría de los casos, si se trata de una persona, esta no es consciente de que lo hace. A veces esto puede ser temporal; por ejemplo, un amigo puede estar atravesando por una crisis y despojándote a nivel subconsciente de tu energía. Pero en ocasiones puede haber un cordón extremadamente negativo enganchado a ti que lleva tiempo robándote tu fuerza vital.

Patrones que no son tuyos. A veces la forma en que te sientes o reaccionas a una situación proviene de otra persona. Por ejemplo, Phillip buscaba un nuevo apartamento para alquilar, y cuando el agente inmobiliario le enseñó un apartamento soleado que estaba disponible, Phillip se sintió de pronto deprimido; pensó en todas las cosas que habían fallado en su vida. Incluso empezó a pensar que su vida no merecía ser vivida y en quitársela.

A Phillip le sorprendió tener estos pensamientos, porque era una persona muy optimista. Cuando regresó a casa esa noche, seguía sintiéndose deprimido. Decidió utilizar algunas de las técnicas que tú aprenderás en este capítulo para averiguar si se debía a alguna conexión malsana. Después de emprender un viaje interior, sintió que algo se había adherido a él dentro del apartamento, de modo que tomó ciertas medidas para eliminarlo. Más tarde se sintió aliviado y volvió a ser el de siempre.

A la mañana siguiente, Phillip llamó al agente inmobiliario y le preguntó: «¿Puede darme algunos detalles sobre la última persona que ocupó el apartamento?» El agente guardó silencio unos momentos, tras lo cual respondió: «Murió repentinamente».

Phillip insistió: «Disculpe que se lo pregunte, pero me gustaría saber cómo murió».

De nuevo el agente dudó unos instantes, pero al fin respondió: «He oído decir que estaba muy deprimido… y se suicidó».

Phillip comprendió que el patrón depresivo del ocupante anterior seguía adherido al apartamento… y se había transmitido a él. Me dijo que había tenido suerte en reconocer que la depresión no era suya y haber podido desprenderse de ella.

Sue, una masajista terapeuta que asistió a uno de mis seminarios, me dijo que ella era un típico ejemplo de alguien que había asumido un patrón de conducta debido a una conexión energética. Me explicó que siempre había sido muy confiada, hasta el extremo de que algunos miembros de su familia y amigos le decían que era demasiado confiada.

De pronto, casi de la noche a la mañana, Sue empezó a tener miedo de todo. Cada vez que salía de casa comprobaba varias veces si había cerrado bien la puerta. A veces incluso daba la vuelta después de haber partido en el coche para asegurarse de haber cerrado las puertas con llave. También empezó a cerciorarse repetidas veces de haber metido el billetero en el bolso.

Me dijo que ese patrón de conducta no era habitual en ella. Durante la conversación que mantuvo con un nuevo cliente, este mencionó que siempre comprobaba varias veces si su casa y su coche habían quedado bien cerrados, pues le preocupaba haberse olvidado de hacerlo. Sue se dio cuenta de que su patrón de conducta había comenzado poco después de haber empezado a trabajar con ese cliente. El patrón no era suyo; se había filtrado a través de la hebra que la conectaba a ese cliente. En cuando cortó esa hebra, Sue dejó de preocuparse de si había cerrado bien las puertas. Me dijo que seguía visitando a ese cliente, pero que había establecido unas prudentes barreras energéticas para que él permaneciera en su energía…, y ella en la suya.

Este es otro ejemplo de lo que sucedió cuando estuve en México participando en un taller sobre soñar: durante la pausa para almorzar, una mujer se sentó a mi lado y me contó que no podía dormir. Enumeró todos los suplementos y fármacos que tomaba para dormir, pero ninguno surtía efecto. Dijo que le costaba conciliar el sueño y que se despertaba con frecuencia durante la noche. De inmediato me compadecí de ella: es terrible no poder dormir bien por las noches. Esa noche, cuando me disponía a acostarme, pensé en ella con cariño. Yo suelo quedarme dormida al instante, pero esa noche estuve dando vueltas en la cama… sin dejar de mirar el reloj. (Por lo general tardo unos 30 segundos en dormirme después de cerrar los ojos. A mi marido le maravilla mi capacidad de conciliar el sueño tan rápidamente.)

Por fin, al cabo de varias horas, me quedé dormida, pero me desperté 30 minutos más tarde. Luego, durante el resto de la noche, me desperté más o menos cada media hora. Por fin, de madrugada, traté de comprender qué había ocurrido, puesto que no era habitual en mí. De pronto vi en mi imaginación el rostro de la mujer que no podía dormir. Comprendí que durante nuestra conversación yo había formado una hebra de energía con ella..., y su insomnio se había convertido en mi insomnio. Utilicé el método de «sujetar, arrancar y apoyar en la tierra» que hallarás en la página 144 del Capítulo 3, y por fin conseguí dormir unas horas de un tirón.

Pensamientos aleatorios inoportunos. Todos tenemos un millón de pensamientos que nos pasan por la cabeza cada día. Casi todos estos pensamientos son nuestros. Podemos tener pensamientos aleatorios que nos parecen inaceptables, y otros pensamientos aleatorios que coinciden con la forma en que nos vemos a nosotros mismos. Así es la naturaleza de los pensamientos.

A veces, sin embargo, un pensamiento aleatorio no se origina en tu cerebro, sino que es el resultado de una hebra que fluye entre tú y otra persona. Cuando alguien piensa en ti, el pensamiento viaja a través de la hebra entre tú y esa persona. Puedes despertarte con un pensamiento aleatorio sobre alguien, o alguien que hace tiempo que no ves aparece en un sueño. En mi vida, esos pensamientos aleatorios suelen indicarme que alguien está pensando en mí. Me encanta. Es una especie de sistema telefónico psíquico, que nos mantiene en contacto a ambos. Estos pensamientos suelen ser sinceros. Si alguien en quien hace tiempo que no pienso aparece en mis pensamientos aleatorios, suelo llamar a esa persona o enviarle un correo electrónico, y casi siempre la persona en cuestión me comenta que estaba pensando en mí con cariño. Esta es una de las cosas misteriosas y maravillosas que me encantan de la vida.

Algunas veces, sin embargo, los pensamientos aleatorios son inquietantes, lo que puede indicar que alguien está pensando en ti de forma no precisamente positiva. Pueden ser pensamientos negativos que han viajado a través de una hebra desde otra persona a ti.

Hazel, una de mis estudiantes, compartió una experiencia que consideraba que era un pensamiento aleatorio inoportuno de otra persona. Dijo que, de improviso, pensó en envenenar a sus gatos. Se sintió profunda e intensamente horrorizada y disgustada por ese pensamiento. Quería mucho a sus gatos. Eran sus compañeros y los adoraba. Ese pensamiento la afectó profundamente.

Al cabo de unos días, el pensamiento aleatorio volvió a aparecer. Asustada, Hazel decidió mantener a sus gatos dentro de casa en lugar de dejar que salieran al jardín. Me dijo que la segunda vez que tuvo ese pensamiento comprendió que no era suyo. Pero no sabía de dónde provenía. Poco después, su vecino fue arrestado por envenenar a unos gatos del vecindario. Hazel dedujo que probablemente se había adherido a ella una hebra del vecino y que los pensamientos de este sobre sus gatos habían viajado a través de la hebra hasta ella. Hazel los había percibido, *pero al principio pensó que eran suyos.*

Este es otro caso semejante: un día fui a almorzar con una clienta y durante nuestra conversación le pregunté por su exmarido. Ella respondió que no pensaba en él y que hacía cuatro años que no sabía nada de él. La tarde siguiente, sin embargo, su hijo le informó de que había llamado su exmarido para interesarse por ella *en el mismo momento en que nosotras estábamos hablando sobre él.* (Hacía varios años que su exmarido no llamaba para hablar con el hijo de mi clienta.) La mujer supuso que aún tenía unos cordones que la conectaban con su ex, que este había captado que ella estaba hablando sobre él…, y por eso había telefoneado. Mi clienta decidió que había llegado el momento de cortar esos cordones.

Emociones que no puedes controlar. A veces una conexión energética hace que experimentes emociones sobre las que no tienes ningún control. Jeannette era vecina nuestra cuando vivíamos en la costa central de California. Una noche me llamó aterrorizada. Una conocida suya estaba casada con un hombre que la maltrataba, y cuando la situación empeoró, llamó a Jeannette para pedirle que la llevara en coche a una casa de acogida para mujeres maltratadas en la que pudiera permanecer hasta que su marido se calmara.

Jeannette no conocía bien a esa mujer y no conocía al marido, pero accedió. Los trámites para que su amiga ingresara en la casa de acogida llevaron largo rato, pero Jeannette esperó hasta que todo estuvo arreglado.

Unas seis horas más tarde, cuando estuvo de regreso en su casa junto a su marido, con el que llevaba felizmente casada casi 46 años, a Jeannette le ocurrió algo muy desagradable. Me dijo que lo que había sucedido le sorprendió mucho porque llevaban una vida apacible y en tantos años de matrimonio solo habían tenido un par de discusiones, que se habían resuelto rápidamente. (Mi marido y yo conocíamos a Jeannette y a su marido; ambos eran personas muy sensatas, equilibradas y amables. Cuando me dijo que su marido y ella no discutían, la creí.)

Jeannette me dijo que habían estado viendo una película en televisión, como hacían casi cada noche, y que su marido hacía hecho un comentario sin mayor importancia. Pero, por alguna razón, Jeannette montó en cólera. Agarró un voluminoso jarrón y se dispuso a arrojarlo contra el ventanal de la sala de estar. Su marido, demudado, la miró atónito. Jamás había sucedido nada parecido en las varias décadas que llevaban casados.

Jeannette dijo que había tenido que hacer acopio de toda su fuerza de voluntad para no lanzar el jarrón y romper el ventanal. Al percatarse de lo que acababa de ocurrir, se sintió horrorizada. Cuando se sentó y se hubo tranquilizado, recordó haber hablado conmigo sobre las hebras de energía y me llamó.

Mientras hablábamos, supuso que, cuando aguardaba en la casa de acogida para mujeres maltratadas, debió de absorber una energía violenta. Dijo que mientras estaba allí se había sentido muy expuesta y vulnerable, debido a la profunda compasión que sentía por su amiga y por cualquier mujer que tuviera que refugiarse en una casa de acogida. Dedujo que se le había adherido un cordón, sin duda procedente de una energía residual en el centro de acogida. (Por supuesto, otras mujeres habrían permanecido en el centro sin experimentar ningún problema; pero durante el rato que Jeannette había estado allí se había sentido muy abierta y empática.) Yo le expliqué los métodos que podía utilizar para deshacerse de ese cordón. Jeannette se alegró de haber comprendido qué había sucedido y por qué, y de poder prevenirlo en el futuro.

Ataduras malsanas con objetos, personas y lugares. Es natural tener ataduras con personas, lugares y objetos, pero si son muy numerosas, o demasiado fuertes, a veces nuestros circuitos se atascan y no vemos las cosas con tanta claridad como deberíamos verlas. Una persona que entra corriendo en su casa que está ardiendo para rescatar las joyas —poniendo en peligro su vida— seguramente tiene hebras muy potentes que la conectan con sus joyas. Las personas que viven en casas atestadas de objetos y trastos inútiles suelen estar tan apegadas a sus pertenencias que no pueden desprenderse de ellas, por más que no las utilicen ni sientan gran cariño por ellas. Por consiguiente, su fuerza vital se bloquea.

Nostalgia de relaciones pasadas. ¿Sientes el deseo compulsivo de recuperar una antigua relación? ¿Reproduces constantemente en tu mente recuerdos de lo que hacías con esa persona? Alguien que ya no mantiene una relación pero piensa de forma obsesiva y sin cesar en la otra persona, o revive constantemente el pasado, sin duda tiene unos cordones muy fuertes que la ligan a esa persona. Alguien que mira sin cesar su teléfono móvil para ver si una determinada persona ha llamado, o la sigue obsesivamente en Facebook, o pasa en coche frente a su vivienda para comprobar si está en casa, suele tener unas hebras malsanas que la conectan a esa persona. A veces unas ataduras energéticas obsesivas pueden desestabilizar a la persona en la que están focalizadas; sin embargo, si la persona cuenta con un campo energético potente, no le causará ningún problema.

¿Te esfuerzas en romper una relación, pero cada vez que crees haber roto con ella, la persona en cuestión reaparece de alguna forma en tu vida? Puede que haya en tu vida una persona excesivamente dependiente desde el punto de vista emocional y no puedas romper con ella. ¿Hay alguien con quien temes encontrarte, o bloqueas las llamadas y los textos de una persona a la que tratas de evitar? ¿Te entra un ataque de tos o te atragantas cuando estás en presencia de determinada persona? Todas estas situaciones pueden indicar una atadura energética perniciosa.

Algunas ataduras energéticas pueden perdurar más allá de la muerte. Cuando alguien muere, a veces no podemos soltar los cordones que nos atan a esa persona y estos persisten. Esta puede ser una maravillosa forma de permanecer conectado a un ser querido que ha muerto, pero en algunos casos, la persona que permanece en la tierra no puede vivir su vida porque una parte de su fuerza vital está focalizada en la persona que ha muerto. Este tipo de hebras pueden retener también a un espíritu en la tierra, impidiéndole ir hacia la luz.

Pensamientos obsesivos. ¿Piensas de forma obsesiva en un incidente del pasado? ¿Hay algún incidente doloroso de tu infancia que reaparece repetidamente, a veces sin previo aviso? ¿Te aferras a sentimientos de ira, rencor o amargura debido a algo que alguien dijo o hizo, aunque haya pasado mucho tiempo? ¿Analizas estos eventos de forma reiterada? ¿Rechazas continuamente invitaciones de amigos y familiares porque estás atrapado en el pasado?

Si has respondido sí a cualquier de estas preguntas, tus pensamientos obsesivos pueden indicar fuertes ataduras energéticas negativas.

Conversaciones repetitivas con alguien en tu cabeza. ¿Revives una y otra vez en tu mente parte de una conversación, obsesionándote con lo que dijiste o lo que dijo otra persona? ¿Mantienes conversaciones repetitivas con alguien en tu cabeza?

Si rumias continuamente sobre cosas que dijo alguien, pensando en lo que desearías haber dicho o reviviendo sin cesar los juicios o las críticas que crees que hace alguien respecto de ti, es probable que existan cordones energéticos basados en el temor entre tú y la otra persona.

Maquinar formas de vengarse. ¿Deseas con toda el alma que al conductor que te adelantó y te cerró el paso le pongan una multa por exceso de velocidad en la próxima curva? ¿Piensas constantemente en las críticas negativas que vas a escribir en Yelp sobre alguien o algo?[3] ¿Imaginas la forma en que puedes vengarte de alguien por el daño que te ha causado? ¿Visualizas escribir una carta anónima a tu jefe para informarle de lo que ocurre realmente en la oficina? ¿No solo visualizas lo que querrías hacerle a alguien, sino que a veces lo pones en práctica? Esto indica que tienes cordones energéticos muy potentes que fluyen entre tú y esa otra persona.

No te juzgues con demasiada dureza si crees que perteneces a esta categoría. Las personas que desean vengarse de alguien que las ha perjudicado suelen pensar que carecen de un poder personal. Cuando este tipo de pensamientos empiece a remitir, te darás cuenta de que has recuperado tu poder personal.

Dolores compartidos. ¿Has estado alguna vez con alguien que te dice que padece un dolor de cabeza insoportable y poco después tú

---

3. Yelp: Multinacional dedicada a validar empresas a través de las reseñas de los usuarios. *(N. de la T.)*

también experimentas una jaqueca espantosa? Sarah fue al hospital a visitar a su amiga, a la que le habían extirpado la vesícula biliar. Cuando se marchó, Sarah sintió un intenso dolor en la zona de su vesícula biliar. Las personas que sienten un «dolor compartido» son compasivas y bondadosas. Sienten los sufrimientos del mundo, y experimentan una profunda compasión por los que padecen alguna dolencia. El problema es que este tipo de personas suelen tener muchos cordones que las conectan con aquellos de quienes se compadecen, lo que crea una sobrecarga en su sistema energético. Puede decirse que asumen literalmente el dolor del mundo.

Depresión y desesperanza. Por supuesto, este tipo de emociones pueden deberse a muchas cosas, pero también pueden indicar que tu energía ha estado desviándose hacia alguien o algo desde hace mucho tiempo. Puede tratarse incluso de una hebra ancestral. Gordon tenía un tío, llamado Tom, al que estaba muy unido. Su tío Tom siempre le había apoyado, en especial durante su traumática infancia. Sin embargo, durante los últimos años de su vida, Tom había caído en la depresión y la desesperanza.

Cuando Tom murió, Gordon se sintió deprimido. Supuso que era porque echaba de menos a su tío. Pero su estado depresivo persistió. Consultó con un terapeuta, pero no logró superar su abatimiento. No fue hasta que examinó sus hebras y comprobó que la más grande estaba conectada a su tío Tom que comprendió lo sucedido. Gordon sentía y había absorbido la depresión de su tío. Recordó que yo le había dicho que era posible mantener una relación y al mismo tiempo cortar las hebras negativas que fluyen entre tú y otra persona, y eso fue lo que hizo.

Después de hacerlo, Gordon aseguró que se sentía como si se hubiese quitado un gran peso de encima. Seis meses más tarde me llamó para decirme que era como un milagro. Desde que había soltado esas hebras no había vuelto a sentirse deprimido. Su depresión había desaparecido por completo.

Todos estos síntomas indican la presencia de potentes cordones, o de hebras que te afectan anímicamente o te despojan de tu energía. El siguiente paso consiste en averiguar cuándo conviene que tomes medidas para remediarlo.

¿CUÁNDO DEBES TOMAR MEDIDAS?

Ya conoces alguno de los efectos que tienen las ataduras energéticas malsanas. En la próxima sección averiguarás cuándo debes tomar medidas para deshacerte de esas hebras. Si no lo haces, las ataduras energéticas pueden aumentar con el tiempo, por lo que conviene que limpies tu energía cuando te sientas falto de ella debido a:

- Vampiros energéticos
- Ataques psíquicos
- Posesión
- Personas «tóxicas»
- Personas que pisotean tus sueños
- Tristeza, temor, ira y otras emociones que no son tuyas
- Recuperarte del dolor después de la muerte de un ser querido
- Energía residual y predecesora de una casa o lugar de trabajo
- Grupos religiosos, espirituales u organizaciones políticas que no se basan en el amor

Vampiros energéticos… ¿Son reales?

Una de las situaciones más importantes que requiere que tomes medidas de inmediato es si te sientes constantemente agotado y falto de energía en presencia de una persona con la que mantienes frecuente contacto. Al cabo del tiempo, esto tendrá un efecto debilitante sobre ti y sobre tu salud y bienestar. Puede haber muchas razones por las que experimentes esta sensación de agotamiento. En general, si te sientes falto de energía cuando estás con otra persona, se debe simplemente a una discordancia en vuestros campos energéticos en ese momento. No es algo que deba preocuparte.

Sin embargo, algunas personas parece que succionan la energía de todos los que las rodean, vayan a donde vayan y sean quienes sean las personas que las rodean. Suelen ser el tipo de personas que buscan constantemente la aprobación de los demás. Quizás hayas notado que, cuando te abrazan, desean recibir múltiples abrazos o se aferran a ti unos segundos más de lo necesario. A menudo desean expresar sus emociones y no dejan de contarte sus problemas. Más tarde se muestran animadas y revitalizadas... mientras que tú te sientes agotado. Aunque es importante mostrarte compasivo y escucharlas con el corazón abierto, si te sientes increíblemente agotado, es posible que haya una especie de energía «vampírica» flotando en el ambiente y debas tomar medidas para proteger tu energía. (No me gusta el término «energía vampírica», porque suena muy peyorativo, pero lo utilizo porque quizá sea como tú contemplas esta dinámica energética. Quizá tengas la sensación de que te succionan tu fuerza vital. En cualquier caso no pretende ser una crítica contra otra persona, sino describir cómo te sientes.)

Casi siempre, estas personas no saben que son responsables de tu merma de energía. *No son malas personas*; suelen ser personas que piensan que no hay suficiente energía y amor para todos en el mundo. Piensan que no consiguen suficiente amor (o que no lo merecen). No confían en poder satisfacer sus necesidades, y por tanto creen a nivel subconsciente que la única forma de obtener energía es arrebatándosela a otros. Este tipo de pensamientos ocultos disminuye la fuerza vital de estas personas y se debilitan. Están atrapadas en un sentimiento de desesperada necesidad, y no comprenden que tienen la capacidad de acceder a su propia fuente de energía. Debemos compadecernos de los vampiros energéticos; por lo general no suelen tener verdaderos amigos, y las fugaces relaciones que mantienen no suelen durar mucho porque sus parejas acaban agotadas y sin fuerzas.

Después de mis seminarios multitudinarios, no es raro que alguien se acerque a mí, me abrace con afecto y diga: «¡Quiero darte parte de mi energía!» Prácticamente en todos los casos, no solo *no* recibo energía, sino que la mía disminuye. La persona que me ha abrazado, sin embargo, se marcha satisfecha, porque cree haber hecho una buena obra. Por supuesto, no culpo a estas personas: creen haberme dado energía y haberme hecho un favor. (Les sorprendería saber que en realidad me han despojado de energía. Pero no lo hacen adrede.)

Siempre hay algún tipo de drama en torno a las personas que son vampiros energéticos insaciables, lo que significa que todos los que les rodean están pendientes de ellos, lo que a su vez significa que disponen de más energía a su alcance. A veces, los vampiros energéticos enfrentan a unas personas con otras debido a la energía que obtienen cuando alguien se pone de su parte. No es raro que se involucren en discusiones e incluso que lancen ataques aparentemente injustificados contra otras personas, con el propósito de generar una energía emocional de la que beneficiarse. Pueden tergiversar tus palabras y volverlas en tu contra injustamente. En especial, palabras que has compartido con ellos cuando te sentías vulnerable. Quieren tener razón en todas las situaciones y son incapaces de ver el punto de vista de los demás. No cesan de afirmar: «Yo tengo razón y tú estás equivocado». Necesitan tener razón a toda costa.

Uno de los signos de un vampiro energético es que no confía en las personas. A su alrededor flota cierta sensación de paranoia y a veces se muestra excesivamente susceptible. Es como si quisiera que alguien le contradijese o le juzgara para poder contraatacar y montar una escena. Esto crea drama, lo cual le permite succionar la energía generada por la situación.

Muchos dan la impresión de ser perfeccionistas, pero la necesidad de controlar su entorno desmiente una sensación de falta de control en ellos mismos. Curiosamente, a menudo piensan que los demás les despojan de su energía y reaccionan succionando la energía de quienes les rodean. (He constatado que muchas personas que acuden a mí quejándose de ser víctimas de vampiros energéticos de hecho son ellas quienes arrebatan a otros su energía.)

Uno de los rasgos más comunes de los vampiros energéticos es que se comportan como si fueran pobres víctimas de la vida. Hablan sin cesar de lo injusta que la vida ha sido con ellos, son exigentes y piden ayuda constantemente. El problema es que quienes tratan de ayudarles —y asumen el papel de rescatador— acaban agotados, pues los vampiros energéticos nunca se sienten satisfechos.

¿Has conocido a alguien que amenazó con marcharse o abandonar un proyecto o una situación cuando en realidad no pensaba irse? Lo que quería era que tú trataras de convencerlo para que no lo hiciera. Esta es otra forma en que el vampiro energético te despoja de tu energía. Obtiene la energía que necesita de la que tú empleas tratando de convencerlo para que se quede.

También tratan de utilizar el sentimiento de culpa para manipular a otros y que les proporcionen energía. Por ejemplo, un vampiro energético dice: «No dejaste las llaves del coche de la empresa cuando te marchaste de la oficina…, por lo que he tenido que coger un taxi, que no tenía puesta la calefacción, y he pillado un resfriado tremendo, y el taxi olía que apestaba, y me ha provocado una reacción alérgica…, de manera que no he podido terminar los informes que me pediste». En consecuencia, el vampiro energético se siente poderoso y justamente indignado, y en su subconsciente quiere que tú te sientas mal, obligándote a pedirle disculpas, lo que genera *más* energía para el vampiro energético.

¿Son vampiros energéticos las personas narcisistas, pasivo-agresivas y «mártires»? Por lo general, los narcisistas encajan en la categoría de vampiros energéticos, así como las personas pasivo-agresivas y los sufridos «mártires». Los mártires son personas que a veces hacen algo encomiable —que nadie les pidió que hicieran— y se ofenden cuando creen que otros no se lo agradecen como merecen. O se ofrecen para hacerte un favor y se molestan si aceptas su ofrecimiento. Las personas pasivo-agresivas también pueden despojarte de tu energía. Te aseguran que cuentas con su apoyo, pero luego procuran hundirte.

En todas las relaciones existe un toma y daca de energía: a veces una persona da más, otras recibe más. Es un flujo y reflujo natural de energía. El tipo de hebra que puede despojarte de energía es una conexión con alguien en cuya presencia *siempre te sientes agotado*. El contacto con estas personas —e incluso el mero hecho de pensar en ellas— puede resultar increíblemente agotador: son una especie de vampiros energéticos.

La ley de la atracción y los vampiros. ¿Piensas en algunas personas que han formado parte de tu vida que quizá fueran vampiros energéticos? Antes de señalar con el dedo a esas personas de quienes sospechas, examina la ley de la atracción. Si has sido «victima» de un vampiro energético, existe la posibilidad (e incluso la probabilidad) de que hubiera algo en ti que lo atrajera y que, a cierto nivel, compartíais las mismas vibraciones. Los vampiros energéticos suelen sentirse atraídos por quienes no imponen unos límites personales o carecen de un poder personal. (Imponer límites personales no significa que erijas un muro a tu alrededor. Simplemente significa que no te rebajas persiguiendo la aprobación de los demás.)

¿Necesitas examinar tus límites en la vida? ¿Te quejas constantemente de lo que hacen los demás? ¿Sientes a menudo que otros te tratan de forma injusta? Si has respondido sí a estas preguntas, o si antepones las necesidades de los demás a las tuyas o no compartes tu verdad por temor a ser rechazado, esto puede hacerte vulnerable a que un vampiro energético succione tu energía.

Podemos emitir todo tipo de críticas contra los vampiros energéticos, afirmando que son personas incapaces de valerse por sí mismas y tienen que robar la fuerza vital de otros. Sin embargo, si hay un vampiro energético en tu vida, conviene que te examines a ti mismo para comprobar si compartes su creencia subconsciente. ¿Crees que no tienes suficiente fuerza, vitalidad o amor… y que no hay suficiente para satisfacer las necesidades de todo el mundo? En tal caso, puede que haya una concordancia de frecuencias entre tú y tu vampiro energético. Quizá sea el momento de cambiar tu percepción de ti mismo y tu vida. Los vampiros energéticos se alimentan de la debilidad y el temor. Para mantenerlos a raya, debes afirmarte en tu empoderamiento, coraje y gracia, y desaparecerán de tu vida.

Si hay un vampiro energético en tu vida o personas que hacen que te sientas casi comatoso después de haber pasado un rato con ellas, te recomiendo que utilices algún medio para protegerte antes de toparte con ellas. (O mejor aún, evítalas siempre que puedas.) Ver el Capítulo 4 para aprender métodos muy efectivos de protección y salvaguarda.

Ataques psíquicos

Los ataques psíquicos son reales. Son distintos a que un vampiro energético te deje sin fuerzas, porque los vampiros te succionan la energía. Un ataque psíquico puede provenir de alguien que consciente (o inconscientemente) y deliberadamente desea lastimarte. Es un ataque directo y muy inquietante. Es como si alguien te asestara un puñetazo en el vientre, pero utilizando energía. Ver el Capítulo 4 para averiguar más sobre este tipo de ataques y cómo protegerte de ellos.

Posesión

Otro momento en que conviene tomar medidas es en el caso de posesión. (La posesión es cuando un espíritu ocupa o comparte un cuerpo con alguien.) Es una especie de conexión energética interna. Se produce un potente cordón entre alguien y el espíritu de una persona difunta que ha penetrado en su cuerpo. Hay textos sobre la posesión que se remontan a los albores de la historia humana. Durante mi formación con mi *kahuna* hawaiana, esta me enseñó cómo eliminar fantasmas —que también podemos llamar espíritus terrestres— y espíritus de personas que estaban poseídas. Me dijo que era muy raro toparse con una posesión, pero quería que yo estuviese preparada.

En esa época, muchas personas acudían a mí para que las librara de fantasmas. Resultaba un poco hollywoodiense: cuando conseguíamos que los fantasmas las abandonaran, las puertas se cerraban de un portazo, las ventanas se cerraban de golpe y las luces se encendían y apagaban. (Más tarde comprendí, en mi subconsciente, que yo gozaba con ese drama, pero en esos momentos no era consciente de ello. Uno atrae aquello en lo que se focaliza.) Un día, durante la época en mi vida en que me dedicaba a eliminar fantasmas, una mujer vino a verme porque creía que estaba poseída; tenía motivos fundados para creerlo. Fui a su casa y eliminé al espíritu tal como me había enseñado mi *kahuna*. La mujer se sintió muy aliviada de que esa entidad la hubiera abandonado.

Yo no sabía si se trataba de una auténtica posesión o no, puesto que la mayoría son psicológicas e imaginarias. Pero cuando abandoné la casa de esa mujer y me dirigí hacia mi coche, que había dejado aparcado delante de la casa, no lo encontré. Yo lo había cerrado con llave y había bloqueado el volante. No me explicaba lo ocurrido. De pronto vi mi coche a media manzana de distancia, en el césped de otra casa. El volante estaba bloqueado y las puertas cerradas con llave, pero el vehículo se hallaba a unos 30 metros de distancia de donde lo había dejado aparcado. O un equipo de fútbol americano o unos tipos forzudos lo habían levantado y transportado hasta el césped de esa casa, o algo sobrenatural había sucedido.

Aún no estoy segura de qué ocurrió, pero cuando vi mi coche en el césped de esa casa, comprendí que había llegado el momento de dejar de centrarme en fantasmas y posesiones. A partir de entonces, los fantasmas dejaron de estar en mi radar. Y a lo largo de los 48 años que llevo enseñando, me he topado solo con unos pocos fantasmas y una posesión. En cuanto dejé de centrarme en ellos, dejé de tener que eliminar fantasmas y apenas volví a toparme con otro. En la vida atraes aquello en lo que te focalizas.

La posesión que he mencionado ocurrió cuando yo impartía clases en Australia. Era la pausa para almorzar durante un evento multitudinario que había organizado. Tenía prisa por ir a comer, pero la cola de gente que esperaban hablar conmigo o que les firmara un libro era muy larga. Dos mujeres se acercaron a mí. Una estaba pálida y parecía aturdida. Me dijo: «Mi amiga está poseída. Tengo miedo, porque ayer, cuando circulábamos por la carretera, dio un volantazo y estuvimos a punto de caer en la cuneta».

Sé que es muy raro que se produzca una auténtica posesión —casi siempre los síntomas son psicológicos—, de modo que no me alarmé. A veces las personas tratan de darse importancia imaginando que están poseídas. Otras, tratan de suscitar compasión debido al drama que se crea porque son víctima de alguien que ellas creen que está poseído.

De modo que respondí con aire despreocupado: «De acuerdo, vamos a expulsar a ese engorroso espíritu que ha poseído a su amiga».

No se me ocurrió protegerme, porque no pensé que tuviera que protegerme contra nada. No creí que esa mujer estuviera poseída. De haber pensado que se trataba de una auténtica posesión, no me lo habría tomado de forma tan disciplente (tenía prisa por ir a comer).

Informé a la mujer que iba a golpearla en el pecho con bastante fuerza, y que al hacerlo el «espíritu» la abandonaría. Apreté la mano en un puño, conté «¡Uno, dos, tres!» y grité «¡Fuera!» al mismo tiempo que la golpeaba en el pecho.

La mujer se sobresaltó; las líneas de estrés alrededor de su boca y su frente se suavizaron. La expresión de angustia en sus ojos desapareció. Me miró entre atónita y aliviada y exclamó: «¡Se ha ido! ¡Se ha ido! ¡Gracias! ¡Dios mío, se ha ido!»

Yo supuse que había dejado de *creer* que estaba poseída, de modo que me olvidé del tema y me dispuse a responder a una pregunta de otra persona que estaba en la fila, Por fin, cuando se marchó la última persona, fui a recoger mi bolso. De pronto empecé a sentir unas fuertes contracciones musculares. Era como si todo mi cuerpo se retorciera, como si padeciera un ataque. Caí sobre la alfombra, presa de fuertes convulsiones. El promotor del evento me miró aterrado. «¿Qué te ocurre? ¿Quieres que llame a un médico?»

Yo podía oír sus palabras, pero sonaban sofocadas y lejanas, como si me hallara al final de un largo y oscuro túnel. Pensé aterrorizada: «¿Qué está ocurriendo?» De golpe lo comprendí. *La mujer estaba poseída y la entidad que la había abandonado había penetrado en mí.* Maldita sea.

El promotor se inclinó sobre mí. «Posesión», murmuré.

Él me había visto golpear a la mujer en el pecho y decirle que la entidad se había marchado, por lo que entendió a qué me refería. Tomó un trozo de papel y dibujó rápidamente la estrella de David. (Era judío y pensó que la estrella de David me protegería.) Me metió el papel en la boca, tratando de obligarme a tragarlo, para librarme de la entidad. Yo temí que me asfixiara.

Cuando todo empezó a oscurecerse, vi ante mí un puntito de luz que se alejaba. A medida que la luz se encogía, oí una voz interior decir: *Recuerda quién eres.*

Esas palabras, dichas con sencillez, lo cambiaron todo.

Recuerda quién eres.

Pensé para mis adentros: *Soy todo lo que es y será siempre. Nada existe que no sea yo. Soy infinita. El Creador habita en mí... como yo. Solo existe gracia y amor.*

Con estas palabras, el puntito de luz se intensificó..., hasta que me sentí inundada por una luz dorada radiante y esplendorosa. En ese momento comprendí que no existía ninguna entidad y ninguna posesión. Lo que se había adherido a mí había desaparecido..., solo quedaba la luz.

El hecho de recordar quién era yo lo cambió todo. Aunque insistí en que recordar mi auténtica naturaleza lo había cambiado todo, el promotor estaba convencido de que había sido obra de la estrella de David. (Lo cierto es que, ante su insistencia, yo había masticado y me había tragado el trozo de papel.) Siento gran respeto por la estrella de David, pero sabía que no era eso lo que me había librado de la entidad. De todos modos, di las gracias al promotor por la rapidez con que me había auxiliado. Fuimos a almorzar y seguí impartiendo el resto del seminario, sin experimentar ningún residuo de la experiencia.

He dudado en relatarte esta historia, porque no quería que temieras la posibilidad de que se produzcan posesiones. (Casi puedo garantizarte que ni tú ni las personas que te rodean sufriréis una auténtica posesión. Es un hecho muy raro.) No obstante, he decidido compartirla contigo por si se da el caso, insólito, de que te encuentres con una posesión. Si eso ocurre, recuerda quién eres. Es así de simple. Eres un majestuoso y radiante ser de luz. No tienes que recitar palabras especiales. Este método se aplica no solo a una supuesta posesión, sino a cualquier reto al que te enfrentes en la vida. Cuando recuerdas quién eres, y cuando recuerdas que eres un ser infinito de gracia, amor y luz, no hay espacio para nada más. No eres una víctima de la vida, ni tienes que serlo.

Personas «tóxicas»

A veces hay personas en tu vida que consideras tóxicas. En tal caso, debes tomar medidas de inmediato para limpiar tu campo energético de esos cordones. Hay personas que te despojan de tu energía o hacen que tu autoestima disminuya después de haber estado con ellas. (*El término no significa necesariamente que esas personas sean tóxicas, sino que los cordones que fluyen entre tú y ellas son tóxicos para ti.*) Estas personas no son vampiros energéticos, puesto que no succionan tu energía, y no son atacantes psíquicos porque no te desean conscientemente ningún mal. Son personas cuyo estado de ánimo es tan negativo que contaminan a todos los que están a su alrededor. Si hace un día espléndido, advierten sobre el mal tiempo que se avecina o la cantidad de polen que hay en el ambiente. Si alguien las felicita por su nuevo corte de pelo, se quejan del dineral que les ha costado o los olores que tuvieron que soportar en la peluquería. Sea cual sea el tema que surja en la conversación, siempre hallan la forma de darle un giro negativo. Son personas que tienen un enfoque totalmente negativo respecto de la vida. Lo chocante es que lo único que parece hacerlas felices es cuando están con otra persona negativa..., para poder quejarse juntas.

Es difícil no juzgar a alguien que siempre se muestra negativo y no deja de quejarse. Sin embargo, tu juicio sobre otra persona puede dañarte a ti. Sé que es difícil no hacerlo cuando estás con alguien tan irritante, pero en lugar de juzgar a la persona con dureza, compadécete de ella. (Estas personas no se han propuesto ir por el mundo despojando a la gente de energía: desean ser amadas y aceptadas, pero no saben cómo lograrlo.) Ten en cuenta que por el mero hecho de ser tóxicas para ti no significa que sean tóxicas en general. Su alma no es tóxica. Algunas personas son alérgicas a las fresas o a los langostinos. Eso no significa que las fresas o los langostinos sean necesariamente tóxicos, sino que lo son para algunas personas.

Personas que pisotean tus sueños

Las personas que pisotean los sueños de los demás son distintas de las que te despojan de energía: suelen ser personas bienintencionadas y amables. Pero si tienes en tu vida una persona que pisotea tus sueños, quizás ha llegado el momento de cortar el cordón que te liga a ella o, al menos, la hebra que transporta su energía negativa. Por lo general, ese tipo de personas son buena gente; a menudo son personas cercanas a ti o miembros de tu familia. Con el pretexto de protegerte, juzgan y critican tus sueños. Te dicen que es imposible que tu sueño se cumpla porque careces de la habilidad, el dinero, el tiempo o la formación que se requiere, o por un sinfín de razones lógicas. Y puede que tengan razón —es posible que no tengas el dinero, la habilidad, la formación, la inteligencia o el tiempo necesario—, y están convencidas de que lo hacen para impedir que fracases o te lleves un chasco. Pero lo cierto es que destruyen la chispa de innovación o inspiración que te motiva a seguir adelante con tus sueños. Estos son algunos de los cordones más difíciles de eliminar, porque estas personas desean conscientemente lo mejor para ti. Están convencidas de que lo hacen para impedir que sufras. Es difícil no hacerles caso, pues suelen ser personas muy cercanas a ti que aseguran desearte lo mejor.

Conozco bien este tipo de personas que pisotean tus sueños. Mi orientadora en el instituto me aconsejó que no fuera a la universidad. Me aconsejó que, en vez de ello, procurara cazar a un marido y convertirme en ama de casa. Mi padre me dijo lo mismo; dijo que la universidad era más para hombres que para mujeres, puesto que los hombres eran los proveedores de la familia. (Es curioso que dijera eso, dado que mi madre tenía numerosos grados universitarios. Fue la primera de su generación en la familia, que alguien recordara, que había obtenido una educación universitaria.) Tanto mi orientadora como mi padre creían que me hacían un favor y me ayudaban en mi futuro. (Al final logré ir a la universidad. No fue fácil.) A lo largo de mi vida me han dicho muchas veces que carecía de lo necesario (o yo no reunía los requisitos) para lograr que mis sueños se cumplieran. Sin embargo, siempre me mantuve firme en mis trece y declaré al mundo (y a mí misma) que me bastaba y sobraba para conseguirlo..., y seguí adelante. Si tienes en tu vida personas que pisotean tus sueños, es importante que no hagas caso de sus críticas; procura que las cosas te resbalen y no te las tomes personalmente. Recuerda que estas personas creen que te están haciendo un favor.

Es muy difícil no escuchar a quienes pisotean tus sueños, y aún más difícil sonreír y tomártelo con filosofía cuando insisten en que vas a fracasar. No obstante, merece la pena que te esfuerces en conseguirlo. Si decides cortar algunos de los cordones que te conectan con personas que pisotean tus sueños, recuerda que puedes conservar la relación y limitarte a cortar la hebra que fluye hacia la parte en ti que reacciona negativamente cuando alguien pisotea tus sueños.

Tristeza, temor, ira y otras emociones que no son tuyas

Si experimentas constantemente emociones que «no son tuyas», ha llegado el momento de cortar algunas hebras. Por supuesto, es muy fácil asegurar que tus emociones no son tuyas, en lugar de explorar tu consciencia interior para comprobar si hay algo en tu vida o en tu psique que las genera. Pero si has buceado en tu ser interior y no has hallado nada que explique esas emociones, es probable que no sean tuyas... y que debas cortar las hebras que te conectan con esa o esas personas que desencadenan esas emociones.

Curiosamente, a veces una emoción que no es tuya puede ser una conexión energética con un evento futuro o una consciencia colectiva futura. A primeras horas de la mañana del 11 de septiembre de 2001, en Paso Robles, California, un sueño terrorífico me despertó. Un hombre que parecía oriundo de Oriente Próximo, con una barba negra, estaba talando un gigantesco árbol, ancho y alto como un rascacielos. Al alzar la vista vi a numerosas personas que caían de la copa del árbol y se estrellaban contra el suelo. Había sangre por doquier. Hasta que por fin el árbol cayó al suelo.

Era un sueño tan espantoso que me levanté de la cama, salí corriendo y me monté en mi coche sin quitarme siquiera el pijama. A continuación me dirigí hacia una elevada colina. Necesitaba sentir el amplio espacio a mi alrededor y respirar el aire puro sobre la colina. Estaba aturdida y aterrada. Lo primero que pensé fue que había algo oscuro en mi psique que no había explorado, y que debía hacer un profundo trabajo de limpieza para eliminarlo. Cuando me volví hacia el este, oí una voz interior que decía: *Empieza hoy*. Supuse que se refería a que yo debía empezar a realizar un profundo análisis psicológico ese mismo día.

Al cabo de un rato regresé a casa, pero me sentía profundamente angustiada. En cuanto entré en casa, sonó el teléfono: era una amiga que me llamaba desde Nueva York. Le conté mi sueño. No podía borrarlo de mi mente. Hablamos durante unos 30 minutos. Mi amiga tenía puesta la televisión. De pronto exclamó: «¡Dios mío, Denise! ¡Estoy viendo las noticias y dicen que un avión acaba de estrellarse contra una de las Torres Gemelas!» A partir de ese momento, me relató todo lo que sucedía mientras contemplaba horrorizada la televisión. Nosotros no tenemos cobertura para televisión, por lo que no vi las imágenes hasta más tarde. Al cabo de unos días —cuando vi los vídeos y las personas que se precipitaban al vacío desde la torre— comprendí que era exactamente lo que yo había visto en mi sueño.

En mi sueño. Yo había conectado inconscientemente, a través de un cordón, con un evento futuro; el trauma había viajado a través del cordón hasta mí, pero creí que las imágenes del sueño eran mías. De no ser por los medios de comunicación, quizá no habría sabido nunca que el pánico que había hecho presa en mí tenía que ver con un evento futuro, no con algo que estaba dentro de mi campo energético. Por tanto, si experimentas unas emociones inusitadas, conviene que te tomes un tiempo para localizar la fuente: podría tratarse de algo relativo al futuro.

Recuperarte del dolor tras la muerte de un ser querido

Una de las cosas que más cuesta afrontar en la vida es la muerte de un ser querido…, ya se trate de amigos queridos y parientes como de nuestros compañeros animales. El dolor de esa pérdida nos afecta en lo más íntimo de nuestro ser. Es importante pasar el duelo. No existe un tiempo fijo de duelo. En algunas culturas nativas, el tiempo de duelo es un año. Sin embargo, para algunas personas el ciclo de duelo es más breve y otras tardan años en recuperarse. No hay un tiempo aceptable o inaceptable. Cada cual lo vive a su manera.

A veces, sin embargo, crees que has completado el duelo pero persiste un sentimiento de tristeza. En tal caso, es posible que tengas una conexión energética con el ser querido que te impide superar la tristeza. Quizás ha llegado el momento de soltar ese cordón… con amor. No significa que no siga fluyendo amor entre vosotros; este seguirá floreciendo. Significa que puedes seguir adelante con tu vida, y que esa persona puede proseguir con su evolución en el mundo espiritual.

Energía residual y predecesora de una casa o un lugar de trabajo

A veces, cuando te mudas a un nuevo entorno, experimentas una extraña sensación de agotamiento. Por supuesto, cualquier cambio es estresante. Sin embargo, a veces es la energía residual y predecesora del nuevo local la que te despoja de energía. Dicho de otro modo, significa que tienes un cordón conectado con la energía que te precedió y/o las personas que ocuparon ese local antes que tú. En tal caso, es importante llevar a cabo un proceso para eliminar ese cordón. En el Capítulo 5 explico una técnica para limpiar espacios que es muy útil en estas situaciones. Después de limpiar la energía residual, es preciso que instales un escudo protector alrededor de tu espacio. En el Capítulo 4 te ofrezco diferentes formas de colocar un escudo y proteger tu espacio.

Grupos que no se basan en el amor

Otra área en la que conviene tomar medidas para cortar hebras de energía es la relacionada con grupos que no te apoyan o empoderan. Si perteneces a un grupo —una organización religiosa, espiritual, política o de voluntariado— que no es amable y benevolente, y notas que tu energía disminuye cada vez que participas, quizás haya llegado el momento de cortar algunos cordones. Dorothy me contó que había pertenecido a la fe baptista toda su vida. Sus padres, abuelos y bisabuelos habían sido baptistas. De niña le gustaba asistir a la iglesia, pero cuando se hizo adulta observó que cada vez que volvía de la iglesia se sentía agotada y sin fuerzas. No creía que hubiera nada negativo en las creencias baptistas, pero en esos momentos de su vida su energía no era compatible con la de la organización. Me explicó que cuando cortó los cordones que la ligaban a la organización de la iglesia, pero no a la religión baptista, fue como si respirara de nuevo. Fue como si se quitase un peso de encima. Dijo que los cordones eran muy densos y gruesos. Supuso que se debía a que tenía una conexión ancestral con la iglesia. Es importante recordar, como hizo Dorothy, que puedes cortar los cordones con una organización o grupo y mantener los cordones con una creencia o filosofía.

INVESTIGAR Y EVALUAR TUS HEBRAS

Para descubrir tus conexiones energéticas y hasta qué punto influyen en ti, puedes hacer varias cosas. En esta sección, aprenderás algunos métodos dirigidos a explorar e investigar tus hebras. También aprenderás algunas técnicas de visualización y radiestesia que puedes utilizar tú mismo para sacar el máximo provecho de tu intuición natural. Cuanto más fuerte sea tu intuición, más potentes serán los resultados que obtengas durante el viaje para averiguar y explorar tus hebras. Tu intuición te permitirá obtener una idea más clara de a qué objetos y personas estás conectado.

Para empezar, te propongo tres cosas que son esenciales para activar tu intuición.

Activa tu intuición

1. Confía en tu sentido intuitivo. Aunque vivimos en una época tecnológica que suele primar la lógica y desdeñar la intuición, sigue habiendo una parte de ti que está íntimamente conectada con el mundo invisible de la energía que te rodea. Aunque hayas olvidado conscientemente esta conexión, aún puedes acceder a ella. Muchas personas intuyen que va a suceder algo segundos antes de un accidente. O perciben una clara imagen de la persona que llama en el momento de descolgar el teléfono. Otras tienen estas mismas sensaciones cuando ven un meteorito surcar el cielo: una sensación de integridad, una percepción precognitiva de lo que es realmente importante en la vida. Los sentimientos y las sensaciones que experimentamos en esos momentos provienen del lugar donde nos habla nuestra voz interior. Esta voz nos proporciona constantemente orientación e información. Para oírla, en primer lugar debes *confiar* en ella. Aunque no tenga sentido para tu mente consciente, presta atención a esta voz. Escucha lo que te dice. Confía en ella.

2. Acepta que puedes estar equivocado. Una de las mayores barreras que te impiden confiar en tu voz intuitiva es tu temor a equivocarte. Para desarrollar tu saber instintivo, es preciso que reconozcas que puedes estar equivocado. Cuando doy clases de intuición, he observado que los estudiantes que obtienen mejores resultados son los que les importa un bledo estar en lo cierto o no. La persona que teme fallar reprime el libre curso de la mente intuitiva.

Disponte a fallar. ¡Abraza tus fallos! Cada vez que fallas, aprendes algo. Cuando estás equivocado, conectas con una especie de mente de principiante, el lugar donde estás dispuesto a aprender, a escuchar y a recibir.

3. Practica tus facultades intuitivas. Desarrollar tu intuición es similar a aprender cualquier otra habilidad. Debes practicar para perfeccionarla. Existen muchos sistemas muy sencillos para ejercitar tu intuición. Por ejemplo, mientras esperas a que cambie la luz, adivina cuántos coches rojos pasarán en sentido contrario antes de que el semáforo se ponga en verde. No siempre acertarás, pero cuando lo hagas, *observa la sensación que te genera* y otras sensaciones físicas. Las emociones y las sensaciones físicas son indicadores internos que las personas muy intuitivas utilizan para hallar respuestas a sus preguntas. George, un hombre extraordinariamente intuitivo, siempre experimenta cierta sensación en el centro del pecho cuando su intuición está focalizada y es clara. A medida que practicas, empezarás a reconocer las señales que te indica tu cuerpo.

EXPLORA PARA LOCALIZAR TUS HEBRAS

Uno de los ejercicios más potentes para descubrir tus hebras es explorar tu cuerpo mientras te hallas en un estado meditativo. Es un método muy simple, pero el más efectivo para descubrir tus hebras de energía. Estos son los pasos que debes seguir:

1. Siéntate o túmbate en un lugar donde te sientas muy seguro y muy cómodo. Conviene que estés bien abrigado.

2. Cierra los ojos y respira muy hondo para relajarte.

3. Imagina que tu cuerpo está de pie sobre una colina cubierta de hierba pero has abandonado tu cuerpo, de forma que puedes verlo a escasa distancia.

4. Mientras observas tu cuerpo, ves los filamentos, los hilos, las hebras, las cintas, los cordones, las cuerdas y quizás algunas delgadas telarañas de energía que fluyen de tus chakras y distintas áreas de tu cuerpo. Observa su color, textura, tamaño y temperatura y el lugar al que está adherido cada uno.

5. Selecciona una de las hebras e imagina que la tocas. Si puedes, levántala suavemente y desliza la mano debajo de ella; luego imagina que sigues su recorrido hasta la persona, el lugar, el objeto o la situación a la que está adherida.

6. Cuando salgas de este estado de meditación, escribe lo que has descubierto.

Utiliza la radiestesia para localizar hebras

Otro ejercicio que puedes practicar para descubrir tus hebras es la radiestesia. La radiestesia es un medio de acceder a tu intuición. Con ayuda de un instrumento de radiestesia, este método de predicción puede ayudarte a hallar respuestas a preguntas, según indica el movimiento del péndulo o la varilla de radiestesia.

Un péndulo consiste en un instrumento u objeto que incorpora un peso que oscila desde un punto fijo. Puede ser un cristal, una piedra, un voluminoso abalorio, una llave u otra cosa que cuelga de una cadena o cordón. No es necesario que compres un péndulo, puesto que puedes utilizar prácticamente cualquier tipo de objeto. Incluso puedes fabricarlo tú. Si utilizas un collar, basta con que te asegures de que la piedra o amuleto que cuelga de él tiene el peso suficiente para que oscile de un lado a otro, y ya tienes un péndulo.

El arte de la radiestesia ha sido utilizado durante miles de años. Las pinturas rupestres prehistóricas en Argelia muestran a unos primitivos radiestesistas, y numerosos trabajos de investigación confirman que los chinos y los egipcios antiguos utilizaban la radiestesia. Las primeras descripciones escritas de esta técnica aparecieron en la Edad Media. Un interesante ejemplo lo hallamos en un libro titulado *De re metallica*. Este libro, publicado por primera vez en 1556, contiene varios grabados en madera mostrando varios estadios de radiestesia con una rama bifurcada.

Si bien existen muchas escuelas de pensamiento acerca de la eficacia de la radiestesia, quienes practican este antiguo arte están de acuerdo en un punto: funciona. Una explicación del motivo por el que la radiestesia ha resultado tan eficaz para localizar agua a lo largo de los siglos es que el radiestesista puede detectar los sutiles campos electromagnéticos que emanan de aguas subterráneas. Es posible que exista una base científica para esta teoría, porque el agua que fluye crea un campo eléctrico natural. Sin embargo, esta idea no explica por qué funcionan otras formas de radiestesia.

Muchos creen que la radiestesia funciona porque los radiestesistas conectan de forma subconsciente con el flujo de sabiduría accesible a nivel del inconsciente colectivo de todos los pueblos. El radiestesista recibe información de esta fuente, haciendo que sus músculos se crispen, lo que a su vez hace que la varilla gire o que el péndulo oscile. Dicho de otro modo, el cuerpo del radiestesista se convierte en un centro receptor de un flujo de energía. El instrumento de radiestesia actúa a modo de amplificador de la información recibida. Cabe decir que la radiestesia siempre está influida por las creencias subconscientes del radiestesista.

Cualquiera puede aprender a utilizar esta técnica, porque la radiestesia emplea recursos que están al alcance de todos. Existen muchas formas de radiestesia, pero para explorar tus hebras, empieza con un péndulo, porque es uno de los métodos más fáciles de aprender. (Para utilizar la radiestesia para cortar cordones, ver el ejercicio en la página 147 del capítulo 3).

Estos son los pasos que debes seguir para empezar a practicar la radiestesia:

Fabrica o consigue un péndulo. Si decides comprar un péndulo, elige uno cuyo tacto y aspecto te guste. Pruébalo antes de comprarlo. Los péndulos pueden consistir en piedras, cristales, cristales que contienen óxido de plomo, madera o metal, y pueden ser muy bellos. Los mejores péndulos son de forma simétrica y tienen un extremo puntiagudo, pero también pueden funcionar otras formas.

Antes de comenzar a trabajar con tu péndulo, debes cargarlo de energía. Puedes hacerlo sosteniendo las manos sobre él e imaginando que estas irradian luz sobre el péndulo. Cargar el péndulo de energía casi siempre mejora su eficacia.

El siguiente paso consiste en sostener el cordón o la cadena con firmeza entre el pulgar y el índice, a unos centímetros del péndulo (una distancia cómoda es entre 8 y 30 centímetros), de forma que pueda oscilar libre y suavemente. Si aprietas tu codo contra el cuerpo o lo apoyas en una mesa te ayudará a sostenerlo con firmeza y centrar tu energía.

Aprende a interpretar las respuestas que te ofrece tu péndulo. Para acostumbrarte a utilizar el péndulo, formúlale una pregunta cuya respuesta ya conoces. Esto te ayudará a descifrar los movimientos, que indican sí o no a sucesivas preguntas. Por ejemplo, si preguntas al péndulo: «¿La tierra gira alrededor de sol?» y responde oscilando en sentido perpendicular a tu cuerpo, sabrás que ese movimiento indica sí por parte del péndulo. Generalmente, aunque no siempre, cuando el péndulo oscila en sentido perpendicular a la parte delantera de tu cuerpo significa sí, mientras que si oscila en paralelo a tu cuerpo significa no. Por regla general cuando oscila en el sentido de las agujas del reloj significa sí, y en sentido contrario a las agujas del reloj significa no.

Para familiarizarte con tu péndulo, conviene que le hagas unas preguntas muy simples y directas, como «¿Soy un hombre?» o «¿Es de día?» Cuando tengas claro qué movimiento indica sí y cuál indica no, puedes preguntar a tu péndulo otras cosas que deseas averiguar. No obstante, antes de recabar información de tu péndulo, siempre debes hacerte las siguientes preguntas:

- *¿Puedo?* Esta pregunta se refiere a si tienes o no los conocimientos necesarios para obtener la respuesta que buscas. Por ejemplo, si preguntas sobre hebras de ideas pero no sabes en qué consisten las hebras de ideas, la eficacia del péndulo como instrumento de radiestesia será limitada.

- *¿Debo?* Esta pregunta te pide que pienses con cuidado si te interesa realmente obtener información sobre este tema en este preciso momento. También te pide que consideres si será útil para todas las personas implicadas. A veces no estamos preparados para recibir las respuestas a nuestras preguntas.

Si has respondido sí a las dos preguntas formuladas más arriba, significa que estás preparado para seguir adelante y utilizar tu péndulo para radiestesia. Recuerda que las preguntas deben ser sencillas y claras. Los expertos radiestesistas saben formular preguntas concisas. La forma en que plantees tu pregunta determina la utilidad de la información que recibas.

Cuando hayas comenzado, no te preocupes si el péndulo no responde de inmediato. A veces los principiantes temen obtener una respuesta equivocada y se bloquean. Proyecta de modo consciente la idea de que es preciso que estés en lo cierto. Despeja tu mente por completo. Cuando tus pensamientos se hayan sosegado, funcionarás como una antena, accediendo a tu subconsciente y al inconsciente colectivo. La radiestesia no es una fuerza que puedas controlar. Tú eres un cauce. A veces las respuestas fluirán con facilidad a través de ti; otras no obtendrás nada. Relájate. Cuando te relajes y goces con la experiencia, obtendrás unos resultados mucho más satisfactorios. Y, como ocurre con la mayoría de las técnicas, con práctica llegarás a dominar este arte.

En caso de que el péndulo no se mueva, a veces resulta útil sostenerlo en tus manos unos minutos, o frotarlo en un sentido, o echar tu aliento sobre él. Estas técnicas a menudo aumentan la capacidad de respuesta de un péndulo.

Confía en tu primera reacción. Cuando hayas practicado con preguntas cuyas respuestas ya conoces, continúa con otras cuyas respuestas ignoras pero puedes averiguar. Lo más importante es confiar en lo que el péndulo te revela. Es natural que analices la información que recibes, pero no dudes constantemente de tu capacidad para interpretarla. Cuando te dispongas a hacer una nueva pregunta, detén el péndulo por completo y comienza de nuevo. Cuanta más práctica tengas, más precisas serán tus preguntas y más confiarás en ti. Cuando te sientas seguro sobre tu destreza como radiestesista, podrás empezar a utilizar esta destreza para explorar tus hebras.

Cuando te sientas cómodo con tu péndulo, puedes empezar a preguntar sobre diversas personas y situaciones para averiguar dónde se localizan tus hebras de afinidad más potentes. Quizá te lleves una sorpresa. Generalmente, tu primera respuesta es la acertada.

Te recomiendo que utilices preguntas que requieran un sí o un no. Por ejemplo, puedes preguntar: «¿Me une un cordón fuerte con Charlene?» Si obtienes un sí, la segunda pregunta puede ser: «¿Es una conexión positiva?» Sigue adelante; cada precuenta te proporcionará más información. Recuerda que cada vez que hagas una nueva pregunta debes ajustar de nuevo el péndulo. Es conveniente que escribas la información que obtienes.

Reconocer los grados de verdad. A veces una respuesta no es un sí o un no, sino que su exactitud se expresa en términos de grados, o porcentajes, de exactitud. Por ejemplo, si preguntas sobre el efecto que tiene sobre tu energía una hebra de tu tía Gail, quizás averigües que esa determinada hebra tiene un 48 por ciento de efecto sobre ti, mientras que tu amiga Susan tiene un 8 por ciento de efecto sobre ti. También puedes utilizar la radiestesia para averiguar los impactos negativos y positivos sobre tu campo energético. Puedes utilizar el sombreado del gráfico para determinarlo. Si el péndulo penetra en las áreas más oscuras de tu gráfico, verás que esa hebra tiene un efecto debilitante sobre ti; si penetra en un área más clara, verás que tiene escaso efecto sobre ti.

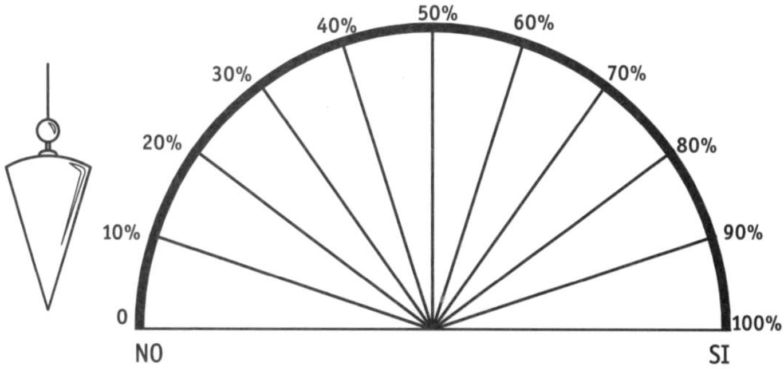

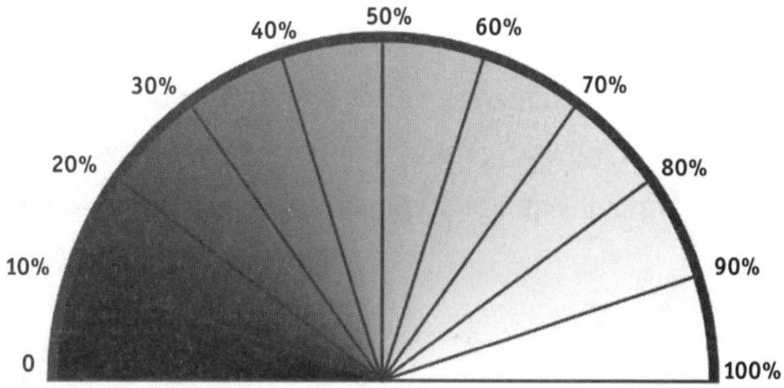

Descubre las fugas de energía en tu casa. Algunas de las mayores fugas de energía se producen a través de los cordones que nos conectan con nuestra casa y los objetos que contiene. (Por eso, el hecho de ordenar nuestra casa y eliminar los trastos inútiles que contiene puede tener un poderoso impacto sobre nuestra energía.) Puedes utilizar el péndulo mientras recorres tu casa o espacio donde vives para detectar si tienes algunas hebras conectadas a determinadas áreas u objetos que te debilitan. Colócate de pie en distintas áreas o concéntrate en diversos objetos y observa si el péndulo indica un sí, lo que significa que existe una buena conexión de energía, o un no, que puede indicar una conexión negativa. Puedes utilizar esta información para eliminar los objetos con los que tienes conexiones negativas. (Por ejemplo, si el juego de té de plata que te dio tu abuela te recuerda lo manipuladora que era, es posible que tenga hebras negativas adheridas a ti.)

También puedes explorar tu vivienda en un estado meditativo. Estos son los pasos que debes seguir: relájate. Cierra los ojos e imagina que recorres lentamente tu casa, habitación por habitación. En cada habitación, detente y conecta con la energía que hay allí. Imagina que tienes la facultad de percibir energía, y observa qué cordones están conectados a determinados objetos y determinadas áreas. Observa si tu energía aumenta o disminuye con cada objeto.

En este capítulo has aprendido los efectos de las hebras negativas, cómo explorar y evaluarlas, y cuándo conviene que te desprendas de ellas. En el siguiente capítulo, aprenderás métodos precisos para cortar los vínculos que te despojan de energía.

3

CORTAR LOS LAZOS QUE ATAN: SOLTAR LAS HEBRAS QUE TE DEBILITAN

Este capítulo está dirigido a los momentos en que necesitas desengancharte de alguien o de algo en tu vida. Aprenderás cómo eliminar, seccionar o disminuir los cordones que te roban energía. No obstante, es importante recordar que, cuando tu energía es fuerte y clara y tu frecuencia está centrada, los cordones negativos se encogen sin que tú tengas que hacer nada al respecto. Antes de que empieces a cortar y soltar hebras y cordones, debes tener en cuenta algunos factores.

Ponerte a cortar hebras de forma aleatoria sin tener muy claro por qué lo haces —y sin comprender las razones subyacentes por las que cortas esas hebras— a veces puede causar un desequilibrio en tu energía. Debes ser consciente de por qué quieres cortar una conexión y respetar el sagrado proceso de eliminar una hebra.

Debes tener en cuenta que, a cierto nivel, tú has elegido la conexión de las hebras de energía que tienes…, incluso las que no son sanas. Por supuesto, es probable que no fuera una decisión consciente tener esos cordones negativos en tu casa, pero, desde un punto de vista espiritual, es posible que «firmaras» o suscribieras «un contrato vital» para que esas hebras se adhiriesen a ti. (Un contrato vital consiste en las elecciones que has hecho respecto de tu vida presente, antes de tu nacimiento, mientras te hallabas en el mundo espiritual, generalmente con el propósito de crecer espiritualmente.) A un nivel muy profundo, siempre existe una responsabilidad personal —aunque por general inconsciente— referente a cada experiencia.

No es agradable pensar que obtenemos algún beneficio de las conexiones que nos despojan de energía, pero quizá seamos víctimas de la vida debido a la forma en que nuestra sociedad honra e incluso celebra a las víctimas. Los informativos de televisión están llenos de historias de víctimas, y todos nos apresuramos a compadecernos de quienes sufren tragedias en sus vidas. En nuestra cultura, a veces es más fácil sentirnos víctimas que responsabilizarnos de nuestras experiencias en la vida. Sin duda, debemos sentir inmensa compasión por cualquiera que se encuentre en circunstancias penosas. También debemos compadecernos de nosotros mismos cuando atravesamos por momentos duros. Pero es importante recordar que desde un punto de vista *espiritual* no hay víctimas, solo voluntarios.

¿EXISTE ALGUNA COMPENSACIÓN POR TENER HEBRAS NEGATIVAS?

A continuación te propongo preguntas difíciles de responder, pero que te ayudarán en tu viaje para comprender y eliminar las hebras que no te convienen. No te juzgues con dureza si respondes sí a algunas de estas preguntas. Solo significa que eres humano. Casi todas las personas, si somos sinceras, responderíamos afirmativamente a una o más de estas preguntas.

- ¿Te satisface a nivel subconsciente sentir que te necesitan, aunque algunas personas emocionalmente dependientes te despojen de una parte de tu energía? ¿Necesitas sentir que te necesitan?
- ¿Has cedido tu poder a alguien con el fin de conquistar el aprecio de esa persona?
- ¿Mantienes una relación disfuncional contigo mismo que hace que atraigas relaciones negativas a tu vida?
- ¿Gozas teniendo razón acerca de una persona o una situación que te disgusta?
- ¿Te gusta añadir drama a tu vida informando a otros de cosas como: «¡Jane es una vampira energética!»?
- ¿Muestras una actitud de superioridad respecto de una creencia que sostienes o una organización a la que perteneces?
- ¿Te gusta pensar que eres un «buen tipo» y que *ellos* son los «malos»?
- ¿Disfrutas tratando siempre de ser el «héroe», atrayendo de esta forma situaciones y cordones tóxicos a tu vida con el fin de subsanar injusticias?
- ¿Creas un exceso de conexiones energéticas porque equiparas estar siempre atareado con tu valor personal?
- ¿Tienes límites personales endebles y sufres debido a la necesidad de complacer a los demás?
- ¿Sueles repasar con insistencia una conversación que tuviste con alguien, lamentando no haber dicho otra cosa y sintiéndote culpable por lo que dijiste? ¿O estás enojado con esa persona por no ser el tipo de persona a la que puedes decir cualquier cosa, sin temer cómo se lo tomará?
- ¿Te ofendes con facilidad cuando alguien te critica y crees que tu reacción estaba justificada?

Si has respondido sí a cualquiera de estas preguntas, pueden indicar una especie de compensación por tener ciertas conexiones energéticas en tu vida. Por ejemplo, cuando te ofendes por algo que alguien ha dicho o ha hecho, un cordón se adhiere a ti. La compensación consiste en que te ofrece la oportunidad de sentirte moralmente superior. Si observas que esa persona ha hecho algo incorrecto pero tú no reaccionas de forma visceral, no se crea ninguna hebra. Es difícil analizarnos a nosotros mismos sin concesiones y reconocer que, en algunos casos, obtenemos una compensación por las conexiones energéticas negativas que tenemos, incluso las que detestamos. Este tipo de autoanálisis es el primer paso para deshacernos de las hebras negativas.

¿CUÁLES SON LAS RAÍCES DE TUS HEBRAS?

Conviene explorar las raíces de tus conexiones energéticas antes de empezar a seccionarlas. Para sentirte realmente libre, debes sanar y resolver los problemas subyacentes que han precipitado esas conexiones. Si no lo haces, cortar un cordón energético suele ser una solución a corto plazo. Si no comprendes y solventas los motivos por los que estás conectado a esas hebras de energía antes de cortarlas, volverán a formarse. Si cortas unos cordones pero no resuelves los motivos subyacentes que te ligan a ellos, retornarán una y otra vez.

A veces las conexiones energéticas negativas representan algo en ti mismo que te niegas a reconocer o aceptar. No es raro tener una conexión energética con alguien que posee las cualidades que tú no has activado en ti. Por ejemplo, una mujer puede tener una conexión energética con una persona que se dedica a la política que demuestra una gran confianza en sí misma porque el subconsciente de la mujer desea activar su propia autoconfianza. Ella se niega a reconocerlo, por lo que se conecta energéticamente a alguien que posee esa cualidad. Esa hebra puede representar una carencia de poder personal por su parte.

Tomemos otro ejemplo. Gerald arrastra una intensa ira reprimida; se considera una persona pacífica, pero quien lo conoce sabe que por debajo de la superficie laten emociones muy potentes. La mayoría de sus colegas en el trabajo lo consideran una persona pasivo-agresiva. Puesto que Gerald no reconoce que tiene un carácter irascible, cada vez que se encuentra con alguien parecido a él lo juzga con dureza. Comoquiera que no reconoce su propia ira, proyecta la crítica contra sí mismo sobre otras personas irascibles como él. Así, Gerald inserta una hebra de energía en cada persona que no le cae bien. En tanto se juzga a sí mismo, no puede evitarlo. Dicho de otro modo, se forman cordones que le enganchan y conectan con los campos energéticos de personas de carácter irascible. En consecuencia, sus centros energéticos están atascados debido a la ira, tanto la suya como la de otros.

Es muy importante comprender la fuente de tus hebras negativas. La buena noticia es que, a media que descifres tus problemas, las personas que se sentían atraídas por las partes disfuncionales de tu personalidad y conectaban con ellas empezarán a desaparecer.

NO SON UNOS ENGENDROS DEMONÍACOS (NECESARIAMENTE)

No cometas el error de pensar que la persona de la que quieres desengancharte es un monstruo y tú una víctima inocente. Este clase de juicios contundentes crea diversos tipos de hebras de energía y pueden causar grandes destrozos en tu campo áurico. (Recuerda que esas personas no podrían conectar contigo si no hubiera nada a lo que adherirse.)

Entiendo que a veces pienses que son engendros demoníacos. También sé —por experiencia personal— que es muy difícil no estallar de ira en presencia de una persona cruel, injusta o malévola. No obstante, a la postre, este tipo de emociones pueden perjudicarte y hacer que sea casi imposible que elimines su energía de tu campo energético.

Si otra persona te ha jugado una mala pasada, *la mejor revancha es eliminarla por completo y para siempre de tu campo energético*. Para lograrlo, tienes que claudicar. Tienes que renunciar a tus juicios y tu afán de tener razón. Es una de las cosas más difíciles que debe hacer un ser humano, pero que aporta grandes beneficios. Te sentirás más animado y en paz contigo mismo y con el mundo.

Es importante tener en cuenta que cortar cordones no hace que alguien cambie necesariamente; si esa persona era un cretino, probablemente seguirá siendo un cretino. Cortar el cordón solo significa que ya no está enredado en tu energía, y por tanto no te crea problemas.

A veces la persona con la que has cortado el cordón te llama de improviso, justo después de que hayas roto con ella, deseando reconectarse contigo. A un nivel energético, siente la desconexión y desea engancharse de nuevo a ti. Si se trata de una antigua relación disfuncional, esta llamada no significa necesariamente que desee retomar la relación contigo; quizá signifique que quiere seguir succionando tu energía o incluso controlarte. Si una persona con la que acabas de cortar trata de entrar de nuevo en tu vida, lo mejor es que le desees amor e ignores sus llamadas.

A VECES NO ES NECESARIO CORTAR UN CORDÓN

Antes de eliminar algunos cordones, piensa si puedes hacer algo físicamente para impedir que una persona siga despojándote de tu energía. A veces no es necesario cortar los cordones; basta con que cambies algunas cosas para obtener resultados satisfactorios. Por ejemplo, si tienes un familiar en cuya presencia siempre te sientes agotado, a veces basta con que pases menos tiempo con él para debilitar el cordón que te liga a él. O si algunas hebras te conectan con objetos en tu casa que tienen asociaciones negativas, basta con que te deshagas de algunos trastos inútiles para eliminarlas de tu campo energético.

Quizá te parezca más sencillo llevar a cabo una ceremonia destinada a cortar cordones; sin embargo, algunos objetos en tu casa tienen asociaciones tan potentes que los cordones pueden volver a formarse. A veces es preferible eliminar el objeto de tu casa y de tu vida. También puedes hacerlo con algunas relaciones: si pasas menos tiempo con personas que merman tu energía, quizá no necesites eliminar los cordones.

CÉNTRATE Y FOCALIZA TU MENTE ANTES DE CORTAR CORDONES

Antes de proceder a cortar cordones, conviene que pongas a punto tu energía. Esto hará que tu ceremonia sea más poderosa. Para conseguirlo, empieza por entrar en un estado meditativo. Si tu mente empieza a divagar, oblígala suavemente a que se centre de nuevo. Es útil tener una imagen visual en la que concentrarte o un mantra que recitar, para mantener tu mente focalizada. Por ejemplo, imagina una rosa. Visualiza cada delicada curva de sus pétalos. Imagina su fragancia. Observa dónde el tallo se une a la flor. Concéntrate en la rosa hasta que todo lo demás desaparezca. Cuando logres mantener esta disciplina durante 20 minutos en un estado meditativo sereno y concentrado, podrás cortar con éxito los cordones que te atan.

Algunos métodos para cortar cordones incorporan la visualización. No te preocupes si no eres capaz de visualizar de inmediato una imagen: es tu *propósito* lo que crea resultados. Concéntrate en un propósito claro y podrás cortar los cordones con la misma eficacia que si los visualizaras.

Algunas personas me dicen que no creen que cortar cordones o utilizar un escudo protector resulte eficaz solo con la visualización. En realidad, la visualización es uno de los métodos más poderosos. Cuando mi hija, Meadow, tenía unos tres años y medio, una mujer que yo conocía llamada Ruth vino a casa y, mientras conversábamos, sentí que mi energía disminuía. Para impedirlo, visualicé una hermosa rosa de color rosa entre Ruth y yo. Quería mitigar la inquietante energía que fluía entre ella y yo, y lo conseguí. Al instante, mi energía empezó a recuperarse. En ese momento Meadow entró en la sala de estar, señaló el espacio entre Ruth y yo y exclamó: «¡Mamá, mamá, mira esa rosa! ¡Qué bonita es!» Mi hija «vio» la rosa que yo había visualizado. Fue una poderosa afirmación de la potencia de mi visualización. Tu visualización tiene peso y medida.

Como nota al margen, el mero hecho de que cortes cordones que te conectan con alguien no significa que no puedas mantener una maravillosa relación con esa persona. En muchos casos, la relación mejora. No significa que no te importe o que no quieras mantener amistad con esa persona. Solo significa que cualquier cordón pernicioso o que te despoja de energía se ha disuelto. Te libera para que puedas adquirir más energía y vitalidad. Y te permite fijar límites claros. Tus emociones serán *tus* emociones. Tus pensamientos serán *tus* pensamientos. Lo contrario del temor es el amor, y las hebras disfuncionales suelen ser fruto del temor. Elimina el temor, apóyate en el amor y todo cordón negativo se disolverá.

MÉTODOS PARA ELIMINAR CORDONES

En este capítulo comparto contigo varios potentes métodos para cortar los cordones y las hebras que te perjudican. ¿Qué método debes utilizar? Todos funcionan. Algunos resultan más eficaces para una persona que para otra. Mi consejo es que pruebes algunos, y no tardarás en descubrir los que te resultan más efectivos.

Método de limpieza N.° 1: Cortar hebras con cuchillos, físicos y no físicos

Tanto si practicas este método físicamente como si no, debes llevarlo a cabo con compasión y un propósito poderoso. Si estás disgustado o enojado mientras lo practicas quizá logres cortar el cordón, pero tu ira atraerá la energía de la persona hacia ti y el cordón volverá a formarse. Entiendo que esto no es fácil. Es obvio que si cortas un cordón es porque te genera desequilibrios en tu vida. O porque estás preocupado por el efecto que una persona tiene sobre ti. No obstante, si eres capaz de distanciarte y convertirte en el «observador sagrado», consciente de que existía una razón por la que se formó esa conexión energética —y en cierto modo te beneficiaste de ella—, te será más fácil eliminar el cordón.

Cortar cordones con cuchillos no físicos

1. **Purifícate.** Date una ducha, frótate con sal y luego enjuágate con agua fría. (Esto limpia tu campo áurico.) También puedes darte un baño con sal y enjuagarte con agua fría. Ponte ropa de colores claros. (Los colores claros reflejan y los colores oscuros absorben; tu ropa debe repeler cualquier conexión malsana, no absorberla.)

2. **Bebe mucha agua.** Es importante que estés bien hidratado para esta ceremonia. Es preferible que el agua esté energizada. Para energizarla, sostén la mano sobre el agua y bendícela o déjala al sol (o bajo la luna y las estrellas durante al menos cinco horas con el propósito de que las fuerzas celestiales la energicen).

3. **Anótalo.** Ten claro de quién y/o de qué quieres desprenderte. A veces es útil escribir exactamente qué deseas y colocarlo en tu altar personal. Si no tienes un altar, enciende una vela y deposita la lista debajo de la vela.

4. **Siéntate en un lugar cómodo.** Cierra los ojos y relájate. Merece la pena que pongas una música ambiental de fondo. La música te permitirá sumirte en un estado meditativo más rápidamente. Respira hondo unas cuantas veces. Con cada inhalación, imagina que te invade una energía fresca y resplandeciente, y con cada exhalación, que eliminas todo lo que no necesitas.

5. **Invoca a los guías.** Invoca a tus guías espirituales, ángeles y ancestros para que te proporcionen ayuda y orientación. Pídeles, con gratitud, que te ayuden a eliminar lo que es innecesario por el bien supremo de todos.

6. **Visualiza.** Cuando estés relajado, imagina que te encuentras en lo alto de una colina cubierta de hierba. A lo lejos ves unas montañas coronadas de nieve o una costa luminosa. Dedica unos minutos a sentirte rodeado de este hermoso panorama. Imagina que una suave brisa agita lentamente la alta hierba. Contempla las vaporosas nubes en el cielo. Tómate un momento para sentirte fuerte y centrado. Hay un sendero serpenteante que conduce a la cima de la colina. Cualquier persona u objeto que tenga lazos energéticos contigo puede subir por el sendero hacia ti, tal como deseas.

7. **Corta y suelta.** Observa que sostienes en las manos unas tijeras de podar grandes y afiladas, unas tijeras normales o un cuchillo. Tienen un tacto sagrado. Cuando la primera persona con la que deseas cortar tus ataduras aparezca en el sendero, imagina que se halla frente a ti. Observa las hebras que os conectan. Si son de colores vivos y vibrantes, quizá deberías dejarlas. Si alguna es oscura y opaca o está arrugada, toma las tijeras de podar (las tijeras normales o el cuchillo) y córtala. Si tienes la impresión de que el cuchillo es romo, sostenlo sobre tu cabeza para que la luz del sol lo afile. A veces cortas un cordón y parece que vuelve a formarse. Sigue cortándolo una y otra vez, o arráncalo. Al fin lograrás seccionarlo.

8. **Afirma.** Mientras cortas, con un propósito claro, di, «Lo que es mío es mío. Lo que es tuyo es tuyo». O puedes decir:
   - «Yo (di tu nombre) deseo cortar y soltar todos los cordones que me atan a ti que no sirven ni refuerzan nuestro bien supremo.»
   - «Cuando corto los cordones que me ligan a ti, honro mi espacio... y honro tu espacio. Cada cual es libre en su propia luz. Yo soy libre. Tú eres libre.»
   - «Solo permanece lo que es beneficioso y empoderador.»

   Cuando hagas tu declaración verbal, de inmediato sentirás que tu campo energético se ilumina.

9. **Expresa gratitud.** Da las gracias a la persona (objeto o situación) por estar en tu vida y ofrécele tus sinceras bendiciones en su viaje. Esta es una parte importante del proceso: completa el ciclo y hace que te sea más fácil seguir adelante en tu vida sin esas ataduras.

Cortar cordones con cuchillos físicos

Cortar cordones físicamente combina la visualización con el uso de un cuchillo, unas tijeras de podar o unas tijeras normales. Los pasos son similares al del método anterior, pero en lugar de estar sentado, permanece de pie, lleno de fortaleza. Sostén la herramienta que vayas a utilizar para seccionar los cordones. En lugar de visualizar que el cuchillo (u otra herramienta) corta los cordones, toma el cuchillo y corta el aire donde sientas que está el cordón. Presta atención a la zona del plexo solar, porque es la zona que suele estar obstruida por los cordones. *Procura no cortarte.* Mantén siempre los ojos abiertos mientras cortas. Después de utilizarlo, lava y enjuaga el instrumento con agua muy fría para eliminar cualquier energía residual.

El método del cordel negro

Utiliza este método de forma ceremonial. Obtén una foto de la persona de la que deseas cortar las hebras que te unen a ella y una foto de ti. Enrolla las dos fotos por separado y ata uno de los rollos con una cuerda, un cordel o un hilo negro. (Si no tienes unas fotos, escribe vuestros nombras en unos trozos de papel y enróllalos.) Luego, dejando al menos unos 20 centímetros de hilo o cordel entre ambos rollos, ata el segundo rollo con el hilo restante. En un espacio propicio a la meditación, concéntrate en el propósito de desprenderte de todo lo que no sea necesario. Puedes decir o rezar:

> *Invoco la luz pura del espíritu para que fluya a través de mí. El amor del Creador me abraza y protege. Solo lo que me sostiene y alimenta está conectado a mí. Me siento a salvo, fuerte y bien. Todo está bien.*

Luego, toma las tijeras o el cuchillo y corta el cordón limpiamente. Te aconsejo que tomes los dos pedazos y te deshagas de ellos en dos lugares distintos, enterrándolos o, mejor, quemándolos con el propósito de que todos los cordones sean transparentes y radiantes y acordes con el bien supremo.

El método tradicional de cortar cordones con un cuchillo

El uso de un cuchillo para cortar cordones es muy tradicional. Yo asistí a una boda en Bali y la persona que oficiaba la ceremonia sostenía un decorativo cuchillo balinés empleado para cortar simbólicamente cualquier cordón conectado con otros, con el fin de unir a la pareja de forma indisoluble.

En el Tíbet utilizan un cuchillo llamado *kartika,* decorado y con forma de media luna, para cortar o seccionar los lazos materiales o mundanos que no te sean útiles. El cuchillo está decorado en la parte superior con un *varja,* un adorno con forma bulbosa que ayuda a destruir la ignorancia y conduce a la iluminación. Otro tipo de cuchillo utilizado en el budismo tibetano es el *phurba.* Se trata de un cuchillo ceremonial de tres lados que tiene numerosos usos. Los tibetanos lo utilizan para ahuyentar a «formas de pensamientos demoníacos» y luego administran purificación. Dicen que el *phurba* puede cortar ataduras negativas con entidades, personas y formas de pensamientos negativos, incluyendo las generadas por un grupo. Las formas de pensamientos son manifestaciones energéticas de los pensamientos, las ideas o las emociones de un individuo o grupo de personas. Algunas personas pueden intuirlas, como cuando entran en un espacio después de que se haya producido una discusión y sienten una atmósfera opresiva en la habitación.

Otras tradiciones utilizan también un cuchillo ceremonial para cortar ataduras. En las tradiciones neopaganas se utiliza un cuchillo llamado *athame* para dirigir la energía (no para cortar cordones) y un cuchillo llamado *boline*, un instrumento curvado parecido a una hoz, para cortar cordones energéticos negativos, entre otras cosas.

Tengo entendido que en algunas tradiciones nativas de América del Norte utilizan la garra de un oso o de un águila para arrancar cordones simbólicamente; aunque puede ser cierto, no dispongo de estudios que lo confirmen.

Utilizar un cristal o una piedra para cortar cordones físicamente

Los pasos para utilizar un cristal o una piedra para cortar cordones físicamente son similares a los métodos descritos más arriba; sin embargo, es preciso que utilices una piedra o un cristal facetado en lugar de uno redondeado y pulido. La obsidiana negra tallada en forma de punta de flecha o cuchillo es un instrumento muy poderoso para cortar cordones. Una varita de turmalina negra también es excelente. Utiliza estos objetos del mismo modo que utilizarías un cuchillo.

Método de limpieza N.° 2: Sujetar, arrancar y apoyar en la tierra

Es preferible practicar este método en el exterior, pero también puedes practicarlo durante un viaje meditativo interior. Este método es como arrancar un hierbajo de la tierra por la raíz.

En el exterior: sujetar, arrancar y conectar con la tierra

1. **Descalzo y centrado.** Si practicas este método en el exterior, es mejor que estés descalzo sobre la tierra, preferiblemente cerca de un árbol. Reparte tu peso equitativamente entre ambas piernas y balancéate suavemente hacia delante y hacia atrás y de un lado a otro hasta que tus pies encuentren tu punto central. Qué-

date quieto e imagina que eres un árbol de la vida y tus raíces se hunden profundamente en la tierra y tus ramas se elevan hacia el cielo.

2. **Observar.** Con los ojos cerrados, imagina que exploras tu cuerpo. Observa si hay algunos cordones ásperos u opacos. No es necesario que sigas cada hebra hasta su fuente. Basta con que seas conciente de cada hebra, hilo o filamento que no vibra con la energía de la fuerza vital.

3. **Sujetar.** Localiza la primera hebra que deseas eliminar e imagina que la sujetas en la mano con firmeza. (Puedes hacerlo físicamente con la mano o visualizar que lo haces).

4. **Arrancar.** Cuando creas tener la hebra bien sujeta, tira de ella con suavidad pero con firmeza. Quizá tengas que zarandearla un poco para que se suelte. Es como arrancar delicadamente un hierbajo con sus raíces para que salga entero y no se parta. A veces sentirás una sensación física en tu cuerpo. Esto no es raro, y no debe preocuparte. Cuando dejes de sentir cierta resistencia, sabrás que has eliminado la hebra.

5. **Conectar con la tierra.** Una vez que hayas arrancado el cordón, inclínate rápidamente y apoya el extremo del mismo en la tierra para enraizarlo y neutralizarlo. La Madre Tierra puede transmutar todos los lazos energéticos. A continuación imagina que todos los agujeros que el cordón ha dejado en tu cuerpo se llenan de luz y de amor.

Puedes repetir este proceso con cada hebra negativa que descubras. Cuando hayas terminado, date una ducha prolongada y enjuágate con agua fría. O date un baño con sal de Epsom y termina enjuagándote con agua fría. Al cabo de 24 horas deberías sentir una notable diferencia.

En el interior: sujetar, arrancar y conectar con la tierra

También puedes practicar este método en el interior como una visualización, y tiene la misma eficacia. Lo importante es que tengas un propósito muy claro cuando lo practiques. Cuando termines, debes purificarte también de forma similar.

Método de limpieza N.° 3: Poda de espíritus

Otro potente método para eliminar las ataduras que te despojan de energía es invocar la ayuda de espíritus. Esta ayuda puede provenir de tus guías, de tus tótems, de tus ancestros, de tus ángeles o del Creador. Invoca su ayuda; es como una «poda de espíritus» en la que tus guías supremos podan todo lo innecesario de tu alma. Por ejemplo, invoca al arcángel san Miguel. *¡Su ayuda es una de los sistemas más potentes de eliminar cordones!* Pídele que su flamígera espada de luz cercene todo lo innecesario. Repite:

> *Arcángel san Miguel, yo te invoco con profunda gratitud para que nos ayudes a mí y a (el nombre de la otra persona) a eliminar las ataduras debilitantes que nos ligan el uno al otro. Reconozco mi parte en esta atadura y honro las lecciones que he aprendido. Estoy preparado para cortar y soltar estos lazos.*
>
> *Ruego que todos los cordones se disuelvan y transmuten por el bien supremo de ambos. Pido perdón y ruego que la paz fluya entre nosotros y el amor nos envuelva en nuestras respectivas esferas de energía.*

También puedes visualizar a uno de tus espíritus guías eliminando las hebras que merman tu energía. Puedes incluso visualizarlo utilizando sus tijeras de podar sagradas y podando esas hebras como podarías un arbusto que ha crecido demasiado. Imagina que estás en un templo o lugar sagrado mientras los espíritus podan los cordones. Recuerda el importante paso de expresar gratitud por todo lo que consigues eliminar. Esto potencia los resultados que obtienes.

Método de limpieza N.° 4: Radiestesia y disolución

Como hemos aprendido en el capítulo 2, el péndulo es un potente instrumento a la hora de ayudarte a comprender qué cordones tienes adheridos a ti. También puedes utilizarlo para eliminar ataduras energéticas. Estos son los pasos que debes seguir:

1. **Imagina los cordones o las hebras.** Visualiza que los cordones que deseas cortar están frente a ti; imagina que se extienden entre tú y la persona, la conducta adictiva, el objeto o la creencia con la que deseas romper.

2. **Sostén el péndulo delante tuyo.** Mientras sostienes el péndulo delante tuyo, deja que oscile o se balancee de un lado a otro. Al principio tendrás la sensación de que eres tú quien hace que oscile. Es normal. Al cabo de un rato te darás cuenta de que el péndulo se mueve solo, pero hasta entonces, es normal que piensas que eres tú quien lo controlas.

3. **Visualiza una luz vibrante que irradia del péndulo.** Imagina que, mientras el péndulo oscila o gira, la luz se intensifica más y más. Esta luz que oscila o gira secciona los cordones innecesarios.

4. **Comienza por encima de tu cabeza.** Mientras el péndulo se mueve (de forma análoga a como se mueve el péndulo de un reloj), sostenlo unos centímetros delante tuyo, o sostenlo por encima de tu cabeza. Bájalo lentamente. A medida que descien-

de delante tuyo, irá cortando los cordones. (Si lo prefieres, puedes comenzar por la zona del hueso púbico e ir subiendo el péndulo hasta tenerlo por encima de tu cabeza.)

5. **Deja que se detenga solo.** No te preocupes por la rapidez o lentitud con que el péndulo gira u oscila. Deja que se mueva a su propio ritmo. A veces tendrás la sensación de que tiene voluntad propia, lo cual es positivo. Deja que se pare solo; deja que complete el proceso que ha iniciado. Cuando esto suceda, significa que los cordones han sido seccionados.

Método de limpieza N.° 5: La llama violeta, la luz dorada

Este es mi método favorito. Me encanta porque funciona de una forma fácil y fluida. También me gusta porque no tengo que descifrar qué estoy eliminando: la energía transmutadora de la llama elimina solo lo innecesario.

La primera vez que constaté el poder de la llama violeta fue hace unas décadas. Me hallaba en un cuarto trasero de nuestra casa y me dirigí hacia la sala de estar. Al entrar, me detuve en seco. Tenía un aspecto totalmente distinto. Mi sala de estar corriente y normal parecía haber cobrado vida. Tenía un aspecto vibrante y resplandeciente. Pregunté a mi amiga Lynette, que había venido a visitarme desde Sudáfrica y pasaba unos días en casa: «¿Qué le ha pasado a la sala de estar?»

Ella respondió tímidamente que había realizado una limpieza de la habitación con una llama violeta. «Espero que no te importe», murmuró.

«¡Por supuesto que no! ¡Tiene un aspecto fabuloso! La sensación radiante que emana de la habitación es palpable. ¡Enséñame cómo se hace!»

Lynette me contó que la llama violeta transmuta energía negativa en energía positiva, elimina ataduras energéticas, limpia el karma, aumenta la frecuencia vibratoria de una persona, acelera el crecimiento espiritual e incluso ofrece un escudo protector. El color violeta tiene la frecuencia más alta del espectro cromático visible. (Si observas con atención un arco iris, en el extremo del arco iris percibirás un pequeño fragmento de este color.) Es un color que muchos adeptos espirituales utilizan en sus meditaciones para purificar.

Desde entonces he utilizado la llama violeta con poderosos resultados. El mero hecho de visualizar este color como una llama, con un propósito muy focalizado, puede activar sus cualidades purificadoras. A continuación explico algunos pasos necesarios para utilizar este potente método para eliminar hebras energéticas malsanas.

Es aconsejable escuchar el «Ave María» de Schubert mientras practicas el método descrito más abajo, puesto que contribuye a activar la llama violeta.

La llama violeta para fundir cordones

1. **Purifícate.** Date una ducha refrescante, frótate todo el cuerpo y termina enjuagándote con agua fría, o date un baño con sal y termina enjuagándote con agua fría. Ponte ropa limpia, de colores claros.

2. **Enciende una vela.** En cuanto la cerilla toque la mecha de la vela puede producirse un momento sagrado. En ese momento, concéntrate en el deliberado propósito de eliminar tus hebras.

3. **Relájate.** Respira hondo varias veces y deja que tu cuerpo entre en un estado relajado.

4. **Sitúa tu percepción en el chakra del corazón.** Imagina que en el centro de tu pecho hay una pequeña llama violeta. (Algunas personas prefieren comenzar por el área del tercer ojo, que es igualmente eficaz.) Concéntrate en la llama a medida que se hace más grande y brillante. Observa cómo pulsa, cómo flamea y resplandece hasta que todo tu cuerpo está envuelto en ella.

5. **Afirma en voz alta.** Invoca a las energías supremas de la llama violeta para que fluyan a través de ti y afirma: «Yo y la llama violeta somos la misma cosa. La llama violeta fluye a través de mí y existe dentro de mí. Todo lo que no es necesario se disuelve y transmuta en frecuencias más altas. Así es, y así debe ser».

6. **Conclusión.** Sabrás que el proceso ha concluido porque, cuando te concentres, la llama que resplandece, chisporrotea y flamea con fuerza se sosiega y asemeja más a una llama ubicada en el centro de un apacible monasterio que una llamarada en una racha de viento.

La luz dorada para fundir cordones

Este es otro método de limpieza que me encanta. Esta meditación es similar al de la llama violeta, pero funciona con luz dorada y comunicación del yo superior al yo superior. Los tres primeros pasos —purificarte, encender una vela y relajarte en un estado meditativo— son los mismos que el método de la llama violeta. Estos son los siguientes pasos:

1. **Conecta con el yo superior.** En tu meditación, imagina el yo superior de la persona de quien deseas desengancharte. Contémplala como una persona perfecta. Aunque te cueste, visualiza a esa persona en su estado natural, sin temor, ira, rencor, ni afán de controlar y/o de manipular. Imagina a esa persona sana,

íntegra y llena de luz. Si te resulta difícil, imagina que pudo haber sido así si sus circunstancias vitales hubiesen sido distintas. Recuerda que las malas acciones casi siempre son fruto del temor, y que si esa persona hubiese tenido experiencias vitales distintas, vidas pasadas distintas y una educación distinta podría ser una persona equilibrada, gentil y amable, en lugar de obrar movida por el temor o la ignorancia. También puedes imaginarla como una criatura alegre e inocente, si así te resulta más fácil verla a una luz positiva.

2. **Comparte y escucha.** Imagina que el ser superior de esa persona está ante ti. Dile lo que piensas sobre vuestra relación y lo que has sufrido debido a lo que ha ocurrido entre vosotros. Habla con sinceridad y desde el corazón. *Escucha atentamente lo que el yo superior de esa persona te dice.* A veces es una disculpa, otras una explicación, y a veces comparte su dolor y sufrimiento. Dale la oportunidad de que comparta abierta y libremente. Escucha con el corazón abierto, sin tratar de defenderte ni decirle en qué se equivoca. Limítate a escuchar.

3. **Perdón.** No es necesario perdonar las acciones de alguien —algunas acciones son imperdonables—, pero es posible perdonar a la persona. Pregúntate si estás dispuesto a perdonar a esa persona que está ante ti. (Recuerda que puedes perdonarla sin disculpar sus acciones.) Es más fácil cortar los cordones si eres capaz de perdonar. Si no puedes perdonar y estás aún lleno de rencor, amargura o ira, los cordones se aferran a ti. Si eres incapaz de perdonar a esa persona, perdónate a ti mismo por *no* ser capaz de perdonar. Es un excelente primer paso.

4. **Observa las hebras.** Contempla el espacio entre tú y la otra persona. Observa las hebras que os conectan. ¿Algunas presen-

tan un aspecto saludable y otras un aspecto apagado y opaco? (Como he mencionado antes, si lo deseas puedes eliminar las hebras malsanas y conservar las hebras vibrantes.)

5. **Invoca la luz dorada.** Invoca o solicita a la luz dorada que comparezca:

Yo invoco a la luz dorada del espíritu para que comparezca. Con gratitud, pido a esta luz que elimine todo lo que no es necesario y me purifique y proteja durante los meses venideros. Bendiciones. Bendiciones. Bendiciones.

Imagina que sostienes en las manos una reluciente bola de luz dorada que se torna cada vez más vibrante y cálida. Es la luz de la divinidad. Sostén esta luz sobre tu cabeza y luego bájala lentamente sobre tu cuerpo. Quizás observes que de tus manos irradia también una luz dorada. Presta atención a las áreas de tus chakras. Observa cómo esta luz fluye sobre las hebras y funde y disuelve las hebras malsanas y purifica y refuerza las sanas. Todo tu cuerpo irradia y pulsa con esta radiante luz. Esta intensa luz lo inunda todo y te sana, te protege y disuelve todo lo innecesario. A continuación eleva la bola sobre tu cuerpo, aportando la energía estable de la tierra a tu campo áurico, y álzala al cielo, dejando que flote hacia arriba y desaparezca.

6. **Ofrece gratitud.** Ofrece gratitud y bendiciones por todo lo que has recibido. La gratitud contribuye a sellar la eliminación de los cordones y previene que se formen otros.

Método de limpieza N.° 6: Desprenderte de cordones con la ayuda de plumas

Desde los albores de la historia de la humanidad, las plumas han sido un instrumento muy apreciado por chamanes y distintos pueblos para ceremonias y rituales. En muchas tradiciones tribales, se considera que las aves son las mensajeras entre la esfera espiritual y la esfera física; por consiguiente, sus plumas son veneradas como el conducto entre estos dos mundos. Dado que el cálamo de la pluma es un tubo abierto, muchas culturas creen que constituye un cauce para oraciones y energía. Creen que es una vía de comunicación con espíritus mensajeros o seres sobrenaturales.

En las culturas indígenas, las plumas son utilizadas para diversos propósitos. Por ejemplo, hay plumas para sanar, para bailar, para tener éxito en la caza y la pesca, para limpiar y proteger una casa, para hacer que llueva y muchas otras cosas. Hay plumas de amistad (para dar a tus mentores, amigos o a personas que respetas), plumas para respuestas (para formular y recibir respuestas a tus preguntas) y plumas para sahumerios (para limpiar espacios). Asimismo, se conceden plumas como reconocimiento de un acto de valentía o una hazaña meritoria. También se pueden utilizar para seccionar o limpiar hebras.

Debido a la exquisita sintonía de las plumas con los aspectos más nobles de la energía, son utilizadas en todas las fases de limpieza energética, desde la evaluación inicial hasta el momento de cortar los cordones. La pluma te permite conectar con niveles de percepción a los que antes no podías acceder. Si estás claramente focalizado en tu propósito, una sola pluma puede seccionar al instante cualquier hebra perniciosa.

Cuando utilices una pluma para limpiar tu energía y eliminar los cordones de energía negativa que están adheridos a ti, debes empezar por dedicar un tiempo a conectar profundamente con la energía de la pluma. Sostenla junto a tu corazón e imagina que te fundes con la energía de la pluma y el espíritu del ave de la que procede. Cuando conectas con el espíritu del ave, ambos podéis trabajar juntos para obrar la magia de eliminar las hebras.

Empieza con movimientos breves y rápidos, de la cabeza a los pies a lo largo de todo tu cuerpo. Imagina que la pluma tiene la capacidad de cortar como un cuchillo eléctrico muy afilado. Si llegas a un lugar que parece viscoso o denso, puede indicar que la energía está allí estancada. Concentra tus esfuerzos con la pluma en esta zona, efectuando movimientos breves y rápidos para disolver la energía antes de seguir adelante.

Cuando sientas que la energía empieza a cambiar y notes que has cortado un cordón, realiza movimientos largos y delicados con la pluma para reequilibrar la energía. Los movimientos largos y airosos estabilizan y apaciguan la energía errática después de cortar un cordón. Limpia siempre las plumas después de utilizarlas para cortar cordones. Puedes hacerlo quemando un manojo de salvia o enebro y pasándolas por el humo.

Elegir tu pluma. Cada pluma tiene su propia energía. Las mejores plumas son las que te eligen a ti. Son las que dan la impresión de que aparecen de la nada. Una pluma que te regala una persona que comulga con los principios de la medicina tradicional también es muy potente. Por supuesto, también puedes comprar tú mismo una pluma. Las tiendas que venden material de pesca con mosca y de artesanía suelen vender plumas. Los vendedores ambulantes en las asambleas de indígenas norteamericanos también suelen vender plumas y abanicos de plumas. No obstante, no elijas la primera que veas. Para encontrar la pluma más adecuada para ti en una tienda o un mercadillo, relájate, entrecierra los ojos y pide que se te aparezca tu pluma. A menudo verás una pluma que parece más radiante que las otras. Es un signo que es la que te está destinada.

Cuidar tus plumas. Cuidar tus plumas con el respeto que merecen potencia su efectividad. Debes guardarlas en un lugar especial y «alimentarlas» espolvoreando de vez en cuando un puñado de harina de maíz sobre ellas y luego sacudirlas un poco para eliminarlo. Hacerlo simbólicamente alimenta al espíritu del ave y restituye la energía de la pluma.

Muchas aves tienen ácaros que pueden estar presentes en las plumas. Si no las cuidas, los ácaros pueden acabar corroyendo tus plumas y destruyendo su belleza y utilidad. Para prevenir este tipo de deterioro te recomiendo que las guardes entre hojas de cedro, de salvia o de tabaco.

Formas de plumas para cortar cordones. Las plumas utilizadas para cortar cordones se presentan en tres formas tradicionales: una sola pluma, abanicos de plumas y alas. Puedes usar una sola pluma sin adornos, o decorarla envolviendo el extremo del cálamo en un trozo de cuero o de tejido. También puedes decorar este trozo de cuero o de tejido con otras tiras de cuero y abalorios.

Otra opción es utilizar un abanico de plumas, que suele estar confeccionado con varias plumas aseguradas con un trozo de cuero o una base de madera. Las alas y los abanicos de plumas tienen una superficie más amplia para mover la energía, pero son menos fáciles de controlar que una sola pluma.

Método de limpieza N.° 7: Sahumerios

Un delicado penacho de humo evoca asociaciones inmediatas y potentes con rituales, purificación y conexiones espirituales. Durante miles de años, los humanos en todo el mundo han quemado hierbas, maderas perfumadas, resinas y otras sustancias aromáticas para canalizar sus esperanzas, oraciones y sueños hacia la esfera espiritual, así como para purificar sus viviendas y a ellos mismos.

El humo purifica y transporta. Transforma lo ordinario en sagrado. Evoca uno de nuestros sentidos más potentes y primitivos: el olfato, un sentido conectado integralmente con las emociones, las percepciones y los recuerdos enterrados. Debido a esta conexión, la utilización de humo puede cambiar la energía de un modo tan instantáneo como poderoso. Dicen también que nuestras oraciones pueden viajar sobre penachos de humo y que las bendiciones del Creador hacen lo mismo.

En las tradiciones chamanistas queman hierbas para limpiar la energía negativa de personas y lugares. Esta ceremonia se llama «sahumerio». Cuando pasé un tiempo con los zulúes en África, quemaban hierbas para limpiar la energía de personas que habían salido de la cárcel o habían regresado de la guerra. Creían que la energía de esos lugares siniestros se adhería a las personas que regresaban a su hogar y podía afectar a miembros de la familia. Dicho de otro modo, los cordones de esos lugares y de las experiencias que habían vivido seguían pegados a ellos. Por consiguiente, los zulúes quemaban hierbas para limpiar y eliminar esos cordones.

La mayoría de otras culturas nativas con las que he pasado un tiempo creen también que el humo de hierbas especiales que queman elimina cordones y limpia la energía negativa. Cuando estuve en Brasil y hablé con un chamán, me explicó que quemaban hierbas para limpiar la energía negativa de lugares. Me dijo que llenaban un lugar con tanto humo que apenas se veía nada, y luego abrían una ventana para eliminar toda la energía «maléfica».

Salvia y cedro para sahumar. Una de las hierbas más potentes utilizadas para limpiar energía es la salvia. Utilizada tradicionalmente por los indios de las llanuras, la salvia ha adquirido gran popularidad recientemente debido a su potente efectividad en la limpieza y purificación de personas y espacios. Sus efectos son perceptibles de inmediato, por lo que es una buena opción para eliminar cordones de energía negativa. El olor acre del humo de salvia es excelente para disolver una energía muy densa o estancada o eliminar cordones oscuros y viscosos. Los cheroquíes (mi tribu) y otras tribus utilizan tradicionalmente cedro con el mismo propósito. En diversos países se utilizan distintas hierbas. Pero el tipo de hierba utilizada es menos importante que el propósito y la oración que se utilizan con ella.

«Lavar» tu campo áurico con humo

A continuación te propongo un método para limpiar tu campo áurico con humo y eliminar las hebras de energía perniciosa.

1. Coloca un cuenco con incienso o hierbas humeantes sobre una mesa o tarima, y luego atrae el humo hacia tu cuerpo ahuecando las manos.
2. Deja que el humo corone tu cabeza mientras repites: «Deseo que mis pensamientos sean puros».
3. A continuación deja que el humo entre en contacto con tus ojos mientras repites: «Deseo ver la verdad».
4. Deja que el humo entre en contacto con tus orejas mientras repites: «Deseo oír la verdad».
5. Luego deja que el humo envuelva tu cuello mientras repites: «Deseo decir la verdad».
6. Deja que el humo entre en contacto con la zona de tu corazón mientras repites: «Deseo que mi corazón permanezca abierto y limpio».
7. Deja que el humo envuelva todo tu cuerpo mientras repites: «Deseo que mi cuerpo sea fuerte».

8. Deja que el humo entre en contacto con la zona de cada uno de tus chakras con el propósito de soltar los cordones innecesarios.

Mientras el humo entra en contacto con tu cuerpo, concéntrate en tus pensamientos o tu propósito de limpiar la energía negativa. Siente cómo el humo te limpia de distracciones y negatividad. Purifica tu mente y tu cuerpo para prepararte para el trabajo de limpiar energía negativa que te dispones a realizar. Es un excelente método para purificar tu aura antes de llevar a cabo la ceremonia de cortar cordones. También contribuye a eliminar pequeñas ataduras energéticas, como filamentos e hilos.

Manojos de hierbas para el sahumerio. Para la ceremonia del sahumerio se utiliza un manojo de hierbas atado con un cordel, que se quema tradicionalmente para crear humo para el sahumerio. En primer lugar se prende fuego al manojo de hierbas secas y luego se extingue el fuego, dejando que las hierbas que arden liberen un humo acre. (Ten en cuenta las precauciones descritas más abajo respecto del uso de hierbas que arden.) Estos manojos de hierbas constituyen uno de los métodos más sencillos y habituales para la ceremonia del sahumerio. Puedes confeccionar tú mismo los manojos de hierbas, comprarlos en una tienda *New Age* o encargarlos por correo. La salvia es probablemente la hierba que suele utilizarse con más frecuencia en los sahumerios, aunque también puedes utilizar otras hierbas igual de eficaces.

El humo del manojo de hierbas crea al instante un enorme cambio en la energía. También es uno de los mejores métodos para modificar todo tu campo energético. Para sahumar tu cuerpo con el fin de eliminar cordones energéticos, coloca las hierbas que arden en un recipiente lleno de arena (para evitar que el recipiente se caliente demasiado), sostén las manos ahuecadas sobre el humo y difúndelo sobre todo tu cuerpo. Concéntrate en el propósito de que el humo limpia y purifica los cordones.

Utilizar penachos de humo

Otra forma muy eficaz de eliminar cordones energéticos consiste en combinar los movimientos de la pluma con la utilización del humo. Estos dos elementos juntos crean una alquimia de aire y fuego que constituye un medio muy potente de cortar cordones y purificar energía. Los poderes canalizadores naturales de la pluma, combinados con las propiedades purificadoras y espirituales del incienso o las hierbas que arden, crean la sensación de un espacio profundamente sagrado y sanador.

Para activar esta alquimia, sostén el cuenco que contiene las hierbas ardientes (o incienso o manojo de salvia) con tu mano no dominante. También puedes utilizar una concha de abulón, pero un cuenco hondo es una alternativa práctica y más fácil de manejar. Asegúrate de que la concha o el cuenco sea lo bastante hondo para impedir que salten chispas u hojas ardientes. Asegúrate también de que el cuenco contenga suficiente arena, sal o tierra para aislarlo del calor de las hierbas ardientes, para que no te quemes la mano. Utiliza la pluma con tu mano dominante para difundir el humo sobre tu cuerpo mientras cortas los cordones. Como he mencionado antes, combina movimientos breves y rápidos con movimientos largos y amplios para reequilibrar la energía después de cortar los cordones.

Cuando utilices hierbas que arden, es muy importante que tomes precauciones especiales para no quemarte o provocar un fuego. Además, debes procurar que ninguna de las brasas aterrice sobre la alfombra, los muebles o tu ropa. Utiliza una concha de abulón o recipiente a prueba de fuego debajo de las hierbas para recoger cualquier chispa que salte. Y cuando hayas completado la ceremonia del sahumerio, extingue el manojo de hierbas con agua y colócalas en un lugar seguro como el fregadero durante varias horas para que se apaguen del todo. No te marches dejando el manojo de hierbas encendidas, y cuando hayas terminado échales agua para apagarlas por completo. Muchas personas cometen el error de suponer que el manojo de hierbas utilizado en el sahumerio se había apagado, y al regresar a casa más tarde comprueban que seguía ardiendo.

Método de limpieza N.° 8: Sal

La sal es un elemento muy potente en cualquier método para cortar cordones. Y muy efectivo. Ha sido utilizada a lo largo de la historia y reconocida en todo el mundo como un magnífico elemento purificador. Tanto la sal marina como la sal de roca son excelentes para limpiar cualquier espacio. Aunque sus efectos generales son los mismos, hay algunas pequeñas diferencias entre ellas. La sal marina aporta la energía del agua y del océano, por lo que es muy efectiva en espacios dedicados a la sanación emocional. La sal de roca proviene de la tierra, cuya naturaleza nos conecta a ella. Contribuye a la sensación de equilibrio e integridad.

Cuando utilices sal con el fin de eliminar cordones, en primer lugar frótate el cuerpo en la ducha con sal o báñate con sal, con la intención de que elimine lo que no es necesario. Recuerda que debes terminar enjuagándote con agua fría. También puedes darte un baño con sal antes de la ceremonia de cortar cordones.

Antes de utilizar cualquiera de los otros métodos para cortar cordones —por ejemplo, el método de las tijeras o el cuchillo o la luz dorada—, adquiere un nuevo paquete de sal de mesa. Espolvorea un poco alrededor de la periferia de la habitación o espacio donde vayas a llevar a cabo la ceremonia de cortar cordones. Presta mucha atención a los rincones, que es donde tiende a acumularse la energía estancada. Luego crea un círculo de sal en cuyo centro te colocarás mientras realices la ceremonia de cortar cordones. Inmediatamente después de cortar los cordones, pasa el aspirador para eliminar la sal, que puedes echar por el fregadero.

Si estás en el exterior, en lugar de utilizar sal de mesa, utiliza sal de Epsom. La sal de mesa común no es buena para las plantas, pero la sal de Epsom es un mineral distinto —sulfato de magnesio— y no perjudica las plantas. Además, posee propiedades de limpieza increíbles.

Después de realizar la limpieza con sal, date una ducha fría. El agua fría eliminará cualquier energía densa y oscura residual de tu campo energético. Coloca la cabeza debajo del chorro de agua. Solo te llevará unos minutos limpiar las energías perniciosas. Si no puedes ducharte, lávate las manos y los brazos hasta el codo con agua fría y rocíate la cabeza con agua antes de secarte las manos.

Otro método que puedes utilizar *después* de la ceremonia de limpieza es añadir un par de tazas de sal de Epsom (o una combinación de partes iguales de sal de mesa y bicarbonato de soda) al agua del baño y darte un baño de al menos 20 minutos. Puedes añadir algunos aceites esenciales como pino o abeto, puesto que los árboles de hoja perenne poseen propiedades purificantes. Aunque los aceites de cítricos y eucalipto también purifican, a algunas personas les irritan la piel, por lo que es preferible no usarlos. Cuando salgas del baño, tu campo energético estará más limpio. Además, tu cuerpo puede absorber el magnesio de la sal de Epsom a través de la piel, lo que te ayudará a relajarte.

Método de limpieza N.° 9: Debajo de una cascada

Esta es una técnica muy eficaz a la vez que sencilla. Es especialmente potente si no tienes tiempo de llevar a cabo una limpieza intensiva de cordones. Puedes practicarla en un aparcamiento o en el cubículo de un lavabo público. Por ejemplo, si has ido a comprar a un centro comercial atestado de gente y de pronto te sientes agotado, entra en el lavabo más cercano para practicar este método de limpieza. Empieza realizando una rápida exploración para ver los cordones que fluyen de ti. Observa o percíbelos sin juzgarlos. Luego pasa las manos sobre la parte frontal de tu cuerpo y los costados con movimientos rápidos y enérgicos. Con cada movimiento que realices emite el sonido *shu* en voz alta y clara, una y otra vez. Entretanto, visualiza los cordones que se sueltan e imagina que estás debajo de una refrescante y tonificante cascada y que todo lo que eliminas se disuelve. No es necesario que te escondas en un lugar privado para practicar este método; yo lo hice en el vestíbulo de un teatro. La gente me miraba un poco extrañada, pero no me importó, porque más tarde me sentí mucho mejor.

Método de limpieza N.° 10: Aliento de fuego

Un excelente método de limpieza consiste en utilizar tu aliento. Para usar esta potente técnica, respira hondo unas cuantas veces para centrarte. Imagina que con cada inhalación aspiras *prana* (energía vital) y con cada exhalación eliminas todo lo que no es necesario. A continuación aumenta el ritmo de tu respiración hasta que sea muy rápido. Cuando sientas que has eliminado los cordones estancados, refina la energía mediante exhalaciones largas y regulares. Sigue con las manos el movimiento de aire creado por tu respiración para potenciar la eficacia de esta técnica. Este es el método paso por paso:

1. Colócate de pie con las piernas separadas al menos medio metro. Balancéate suavemente hacia delante y hacia atrás y de un lado a otro hasta que encuentres el lugar donde tus pies se sientan centrados.

2. Relaja tu cuerpo y dobla un poco las rodillas. (Esto es, relaja las rodillas.) Deja que los brazos cuelguen a tus costados.
3. Empieza por respirar muy hondo, desde la barriga, varias veces, y exhala sonoramente por la nariz. (Te recomiendo que antes de iniciar este ejercicio te suenes la nariz.)
4. Concéntrate en el propósito de qué o a quién deseas soltar. Aspira la energía vital y, cuando exhales, suelta todo lo que no es necesario.
5. Aumenta progresivamente el ritmo de tu respiración hasta que sea muy acelerado. Si te mareas, para unos momentos hasta que te recuperes y continúa con el ejercicio. (Este método no es recomendable para personas con hipertensión o que padezcan glaucoma.) Cuando practiques este método, deberías observar cómo se desprenden unas hebras de tu cuerpo.
6. Para completar el proceso, reduce tu ritmo de respiración y respira unas cuantas veces muy hondo. Deberías sentirte más ligero y animado; cuando observes las hebras que quedan, deberían ser gruesas, de colores vivos y radiantes.

Método de limpieza N.° 11: Campanas

Uno de mis métodos favoritos de limpiar cordones es utilizar sonidos de objetos como campanas, cuencos tibetanos y gongs. Las campanas son capaces de quebrar las hebras de energía estancada que se ha acumulado produciendo un sonido que penetra en las moléculas de un espacio e incluso el espacio entre las moléculas. El tono aumenta el flujo de energía y restituye el equilibrio vibratorio. Los círculos concéntricos de sonido siguen resonando mucho después de que percibamos que el tono se ha disipado y se ha hecho el silencio. De una forma casi mística, el sonido sabe qué hebras deben ser eliminadas.

Históricamente, a menudo se ha asociado las campanas con el misticismo. Los antiguos orfebres creían que durante la fabricación de campanas se podía conseguir una especie de alquimia. En algunas culturas las campanas estaban hechas de diversos metales, cada uno de los cuales incorporaba la energía de un determinado planeta, una idea propuesta originalmente por Aristóteles. Cuando una de esas campanas repicaba, creían que generaba unas fuerzas universales capaces de alinearse en un espacio vital con el cosmos. El hierro se asociaba con Marte debido a su color rojizo y su importancia en las guerras antiguas. El plomo, pesado y lento, se relacionaba con Saturno. El metal mercurio se asociaba con el planeta Mercurio debido a la rapidez de sus movimientos. La plata representaba la luna, mientras que el sol era el oro. Emperadores como Rodolfo, del Sacro Imperio Romano, encargaban campanas de estos y otros metales, convencidos de que podían inspirar una extraordinaria energía.

En algunas tradiciones creían que el sonido de campanas de metal ahuyentaba a los espíritus maléficos y la energía negativa. Los rabinos hacían sonar campanas antes de entrar en las áreas más sagradas de un templo para disipar las energías negativas. En la Europa medieval, las campanas de las iglesias repicaban no solo para llamar a los feligreses a los oficios, sino también para alejar a las fuerzas del mal. Mientras en Europa se fabricaban y utilizaban campanas sagradas, también se utilizaban en templos, monasterios y ceremonias en Japón, China, Tíbet, Indonesia, India y Oriente Próximo. En las culturas budistas, el sonido de la campana era una ofrenda al Buda. Los dibujos egipcios en los muros de las tumbas muestran a sacerdotes haciendo sonar campanas para impartir bendiciones y alejar a las fuerzas del mal.

Para cortar cordones utilizando una campana:

1. En primer lugar, sostén la campana junto a tu corazón. Llénala de amor. Imagina que el amor gira dentro de la campana.

2. Sostén la campana a unos centímetros de tu cuerpo, paralela al chakra de tu plexo solar.
3. Haz sonar la campana. Si el badajo empieza a girar, suele indicar una energía desequilibrada. No te preocupes, sigue toando la campana hasta que emita un sonido claro y melodioso.
4. Por último, sostén la campana paralela a tu hueso púbico —junto a tu primer chakra— y súbela lentamente a lo largo de tu cuerpo y por encima de tu cabeza. Al hacerlo, concéntrate en el propósito de que las hebras innecesarias se disuelvan.

Campanas balinesas. Existen muchos tipos de campanas; una campana muy especial es la campana balinesa. Suelen utilizarse para ceremonias de purificación debido a su exquisito tono. Es posible que parte del poder de estas extraordinarias campanas se deba al hecho de que su creación está sincronizada con las fases de la luna, con las oraciones y con las bendiciones ofrecidas a los dioses en cada fase del proceso. Fabricar una campana balinesa puede llevar dos meses o más, pero el feliz día en que está terminada se celebra una hermosa ceremonia de consagración para invocar vida en la campana recién nacida.

Campanas tibetanas. Las campanas tibetanas (*ghanta*) son excelentes herramientas para limpiar cordones y hebras. Aunque al principio se fabricaban en el Tíbet, después de la anexión del Tíbet por China, los refugiados tibetanos han creado estas simbólicas campanas en el norte de la India y Nepal. Cada parte de una campana tibetana está cargada de significado. La campana va acompañada de un pequeño objeto metálico llamado *dorje*, que representa el principio masculino, el poder y la salvación. La campana propiamente dicha representa el principio femenino, la sabiduría y el gran vacío. Al parecer, utilizar la *ghanta* y el *dorje* juntos restituye el equilibrio, porque representan el yin y el yang, las dos fuerzas opuestas pero armoniosas en el universo. Su combinación crea una unidad mística interior, un equilibrio de las dos fuerzas creativas primordiales de la vida.

A veces, en la superficie de las campanas tibetanas están grabados rostros grotescos. El propósito de estas imágenes de dioses y diosas es ahuyentar a las fuerzas del mal y la oscuridad. Sobre la campana vemos a menudo un mandala de ocho hojas de loto que simboliza las voces de los dioses. En el borde inferior de la campana aparecen imágenes de 51 *dorjes*, que representan 51 retos que pueden resolverse tocando la campana. Tradicionalmente, un lama tocaba la campana mientras efectuaba *mudras* (gestos rituales) con el *dorje*, que representaban el baile de los dioses. Las campanas tibetanas se pueden también tocar como un cuenco tibetano, pasando un mazo de madera por la circunferencia de la campana.

En este capítulo has aprendido algunos métodos para desenganchar o soltar las hebras de energía que te debilitan. En el próximo capítulo aprenderás técnicas de protección para evitar que se adhieran a ti hebras que no te empoderan.

4

PROTEGER Y SALVAGUARDAR TU CAMPO ENERGÉTICO

Imagina que estás en una cabaña en el bosque en plena noche; fuera se ha desatado una violenta tormenta que agita los árboles, y una lluvia torrencial bate sobre el tejado. Estás sentado en una amplia y cómoda poltrona frente al fuego, absorto en un interesante libro, bebiendo un excelente oporto y escuchando música barroca mientras fuera aúlla el viento. Te sientes extraordinariamente seguro y satisfecho en tu refugio. Al margen de lo que ocurra fuera, estás al abrigo de la tormenta, relajado y protegido.

La protección de la energía consiste en un campo energético muy potente a tu alrededor que permite que lo que es «tuyo» sea tuyo... y lo que es «de otros» sea de otros. Se han utilizado técnicas de protección durante miles de años en culturas en todo el mundo. En todas las culturas nativas y culturas antiguas, místicos, ancianos, sacerdotes, chamanes, hechiceros y hechiceras han sostenido la importancia de proteger la energía de las personas. Existe una razón más que fundada para que esto siga siendo relevante en hoy en día.

En muchos aspectos, cabe comparar nuestro campo energético con una piscina de agua limpia y transparente. Si no hay una verja alrededor de la piscina y todos los vecinos y sus amigos pueden bañarse en ella, ensuciándola de barro e incluso orinando en ella, el agua acaba enturbiándose. Esto es análogo a nuestro campo energético: si no establecemos unos límites personales, nuestra energía puede presentar un aspecto turbio y deprimente.

Tomamos medidas protectoras en todas las áreas de nuestra vida. Por ejemplo, para proteger nuestro cuerpo físico, utilizamos cinturones de seguridad, detectores de humo, enchufes con tapas protectoras y pretiles, de modo que es lógico que protejamos y salvaguardemos nuestra energía vital.

En este capítulo aprenderás cuándo debes proteger tu energía y qué energías más profundas entran en juego, así como excelentes métodos de autodefensa psíquica. Empezaremos por explorar si la protección es o no es siempre una buena idea, y por qué.

¿LA PROTECCIÓN SIEMPRE ES UNA BUENA IDEA?

Desde luego, es una buena idea proteger tu energía y mantenerla fuerte y limpia. No obstante, antes de que te apresures a activar un escudo protector en torno a ti, debes tener en cuenta algunos aspectos, pues existen fundadas razones para que no te protejas. Estas son las razones:

1. Refuerza la falsa ilusión de que estamos separados unos de otros. El problema con la protección energética es que, desde un punto de vista espiritual, no hay nada ahí fuera que no seas tú (como he mencionado antes), de modo que en última instancia no hay nada contra lo que debas protegerte. Todos estamos conectados a (y formamos parte de) un Universo vivo y palpitante, pletórico de vida que reverbera con la intensidad del espíritu. No hay partes «malas» y «buenas» de la creación. Todo guarda relación con todo lo demás, no existe nada aislado. Tú tienes una íntima conexión con el firmamento. Y cuando estás conectado a tu fuente, no hay nada que temer; no es necesario que te protejas. Así pues, desde un punto de vista espiritual, la protección puede crear una barrera entre tú y el mundo; refuerza la falsa ilusión de que estamos separados unos de otros.

2. Puede disminuir la compasión. Cuando te proteges de alguien, declaras que quieres erigir un muro entre vosotros. Por ejemplo, es frecuente que las personas se protejan cuando están con alguien que se está muriendo. La energía física de la persona que agoniza es muy baja. La fuerza vital de su cuerpo se agota, y algunas personas temen que su energía también se disipe. Pero, en lugar de erigir un escudo protector en torno a ti, es preferible que conectes con el alma de esa persona. Cuando conectas con el alma de una persona (no con su cuerpo físico ni su cuerpo emocional), solo hay amor... *y el amor nunca necesita un escudo protector*. Esto es así en cualquier encuentro.

Para comprender esto, imagina que *tú* estás en un hospital, muriéndote. ¿Te gustaría que las personas que te rodean se protegieran contra ti? Seguramente no. Lo que te gustaría es que cada persona viera tu luz y tu alma, te viera realmente a *ti*..., en lugar de tu cuerpo agonizante.

En ocasiones es importante dejar de lado tu temor y la necesidad de protegerte y asumir tu fuerza, coraje y gracia. Imagina que sientes que tu energía disminuye después de un encuentro. Antes de que actives tu armadura protectora, tómate un momento para conectar con la esencia de la otra persona. Dicho de otro modo, busca el lugar dentro de esa persona donde habita su espíritu y su amor, busca el lugar donde tú y ella no estáis separados el uno del otro. Esto es sagrado. Cuando conectas con ese lugar, no hay ningún motivo para que te protejas.

Hace muchas décadas, cuando miré a los ojos a un pistolero desconocido que acababa de atropellarme con su coche y luego había disparado contra mí, y se disponía a rematarme, lo extraño fue que, en lugar de experimentar temor, vi su alma y sentí una profunda compasión por él. Conecté con ese lugar dentro de él en el que no estábamos separados el uno del otro. Fue un momento sagrado. Aún me asombra, y maravilla, que esto sucediera.

Y aunque sentí que ese hombre quería volver a disparar contra mí, no pudo hacerlo. Su brazo tembló cuando me apuntó con la pistola, como si estuviera librando una batalla en su interior. Luego se volvió, se montó en su coche y se marchó. Fue como si el hecho de que se disolvieran las barreras entre nosotros —y yo tocara su alma— lo cambiara todo.

No me protegí en un momento en que no proteger mi campo energético parecía una locura; sin embargo, probablemente me salvó la vida.

3. Puede reforzar la idea de que eres una víctima de la vida. El hecho de protegerte continuamente puede reforzar la idea de que eres una víctima de la vida. Consolida una creencia de que los otros pueden dañarte o despojarte de tu energía. Alguien que protege su energía constantemente está diciendo: «Soy el tipo de persona que necesita protegerse. Hay muchas cosas ahí fuera que pueden hacerme daño». El problema es que, en tu subconsciente, estás reafirmando que existen personas y situaciones contra las que tienes que protegerte constantemente, lo cual puede convertirse en una profecía que se hace realidad. Dicho de otro modo, cuanto más te proteges, más cosas atraes contra las que debes protegerte. Esto contribuye a la sensación de que estás a merced de los hados de la suerte…, y que no controlas tu propio destino.

Por tanto, hay fundadas razones para que no te protejas, y proteger tu campo energético no es algo que debas hacer de modo frívolo. Personalmente, rara vez me protejo. Sin embargo, en ocasiones conviene proteger tu campo energético. Por ejemplo, yo me protejo cuando olvido quién soy, lo cual suele ocurrir cuando tengo miedo. A veces, cuando camino sola, de noche, por un sector de la ciudad que no conozco y tengo miedo, de inmediato protejo mi cuerpo con una armadura energética protectora. O si estoy conversando con alguien que me agobia, y siento que mi energía empieza a disminuir, me apresuro a erigir un escudo protector en torno a mí. No dudo en hacerlo. Y tú tampoco debes dudar en hacerlo. Si alguna vez sientes la necesidad de erigir un escudo protector a tu alrededor, hazlo.

No te juzgues con dureza cuando decidas protegerte. Hay momentos en que nos sentimos espiritualmente expansivos y otros en que nos sentimos muy humanos. Es importante honrar ambas percepciones del yo. Si te sientes humano y vulnerable y sientes la necesidad de protegerte, no dudes en hacerlo.

Cuando te sientes pletórico de energía, la presencia de otros no suele causarte ningún problema. Pero ciertos días en que tu energía decae puedes sentirte impactado por las energías que te rodean, y agotado. Es probable que hayas absorbido la energía de otras personas. Esto no significa necesariamente que sean personas negativas, sino que su energía no es compatible con la tuya. (La buena noticia es que puede ocurrir lo contrario. Cuando estás con personas cuya frecuencia concuerda con la tuya, tu energía aumenta y resplandece.) Te aconsejo que, cuando sientas el deseo de proteger tu campo energético, te preguntes: «¿Es por mi mayor bien?», y a continuación procedas como creas oportuno.

¿ESTO ES MÍO O DE OTRA PERSONA?

Cada vez que estamos con otras personas, nuestro campo energético se ve afectado. A veces nuestra energía aumenta y otras disminuye, y a veces se mantiene neutra. Sin embargo, a menudo es difícil adivinar qué energía es tuya y qué energía pertenece a otra persona.

Si te sientes estupendamente y cuando te acercas a cierta persona tu energía decae, puede indicar que has absorbido los sentimientos subyacentes de esa persona. Si te alejas de ella y tu energía aumenta, también confirma que su energía ha influido en ti. (Recuerda que esto no significa que esa persona sea negativa, sino que en esos momentos su frecuencia no coincide con la tuya. Es posible que otros estén junto a esa persona y sientan que su energía se dispara y experimenten una profunda satisfacción.)

De joven trabajé como masajista terapeuta especializada en *shiatsu*. A veces me sentía estupendamente antes de una sesión, pero cuando colocaba las manos sobre mi cliente, notaba un cambio radical en mi estado emocional. En ocasiones pasaba en un instante de sentirme muy animada a nerviosa, deprimida o irritada. Cuando empecé a dar masajes, pensé que todo lo que sentía era mío, y buscaba alguna circunstancia en mi vida que explicara esas emociones.

Una soleada mañana de primavera, Saul vino a mi estudio para una sesión de *shiatsu*. Cuando llegó, yo estaba muy contenta porque habían florecido unos narcisos frente a la ventana. Pero cuando apoyé las manos en la espalda de Saul, de pronto caí en una profunda depresión. Fue como si estuviese en una habitación brillantemente iluminada y alguien hubiese apagado la luz. Examiné mi vida para averiguar qué había provocado esta repentina depresión. Estaba convencida de que todo iba bien en mi relación con mi marido, pero quizás habían surgido problemas de los que yo no era consciente. Recordé algunos problemas de mi infancia y pensé que quizá mi depresión estaba relacionada con ellos. Sin embargo, cuando retiré las manos del cuerpo de Saul, la emoción se disipó. Cuando hablé con él después de la sesión de *shiatsu*, me contó que acababa de perder su empleo y se sentía muy disgustado y deprimido.

Por fin empecé a comprender que esos repentinos cambios de emoción eran las emociones de mis clientes, que no las mías. Para confirmarlo, preguntaba al cliente cómo se sentía, y este casi siempre corroboraba las emociones que experimentaba yo.

No es infrecuente sentir las emociones y los pensamientos de otros. Si observas que tu energía disminuye en presencia de una determinada persona o en un determinado lugar, es probable que la energía que sientas no sea tuya. Has absorbido una parte de la energía de esa persona o lugar. Pregúntate si...

- ¿Has entrado en un centro comercial abarrotado de gente y te has sentido agotado?
- ¿Has trabajado todo el día con unos colegas difíciles y al final de la jornada te has sentido falto de energía?
- ¿Te has sentido alguna vez debilitado después de escuchar los problemas que te ha contado otra persona?
- ¿Has estado junto a un extraño, quizás en la cola en una tienda, y más tarde te has sentido irritado?
- ¿Has sentido repentinos e intensos dolores en el estómago sin ningún motivo aparente?
- ¿Has visitado un hospital, un geriátrico o una cárcel y más tarde te has sentido falto de energía?
- ¿Te has sentado junto a alguien en una sala de espera, en una reunión o en un restaurante y más tarde has experimentado emociones inexplicables? (Es posible que hayas absorbido las emociones de la persona que ha preparado la comida que has comido en un restaurante.)
- ¿Te has sentido como si hubiesen arrojado una pesada manta sobre ti?

- ¿Has observado que, después de tomarte unas copas en una fiesta, ciertas personas parecen haber perturbado tu campo energético?
- ¿Te has sentido asfixiado cuando hablabas con un amigo, un conocido o un pariente?

Estos síntomas pueden ser signo de que has absorbido la energía de otros de una forma que no te beneficia. Existen ciertas influencias que no alcanzas a ver pero que inciden en tu energía. Algunos lugares tienen una energía residual de eventos pasados que puedes absorber. ¿Has entrado alguna vez en una habitación en la que se ha producido una discusión y has notado un ambiente opresivo? Es debido a la energía residual. Otros lugares tienen una energía predecesora de las personas que vivieron allí (o murieron allí, como por ejemplo un espíritu terrestre) que también puede mermar tu energía.

Existen multitud de fuerzas visibles e invisibles que pueden desequilibrar tu energía. Protegerte es buena idea cuando la energía que absorbes no te beneficia. También conviene que te protejas cuando alguien dirige de forma consciente (o incluso a nivel subconsciente) energía negativa hacia ti. Eso se llama un ataque psíquico.

ATAQUES PSÍQUICOS

Tenemos constancia de que se han producido ataques psíquicos a lo largo de la historia en todas las culturas del mundo. Estos ataques pueden ser muy potentes y desestabilizar tu vida, pero también pueden ser sutiles. En algunos casos, el ataque puede durar tanto tiempo que ni siquiera eres consciente de él. Es un poco como la fuerza de la gravedad, que ejerce una presión constante sobre ti, pero, como ha estado siempre presente, te parece normal. A veces eres consciente de un ataque psíquico solo cuando cesa. Por ejemplo, si la persona muere o tú practicas una ceremonia para eliminar cordones, quizá notes un cambio. El constante zumbido de un ataque psíquico continuado —por ejemplo, de un pariente que está ofendido contigo— puede llegar a formar parte del tejido de tu vida, hasta el punto de que no eres consciente de él. No obstante, cuando cese te sentirás más animado y optimista. En ocasiones los ataques psíquicos son deliberados y se efectúan de forma consciente, pero la mayoría de las veces son subconscientes.

Ataques psíquicos subconscientes

En un ataque psíquico subconsciente, alguien puede montar a nivel subconsciente un ataque centrándose en pensamientos negativos contra ti, sin hacerlo aposta. Así es como se producen los ataques psíquicos subconscientes: Alguien se enoja contigo. Piensa en ti cuando está furioso..., y tú padeces una jaqueca. La persona no se ha dado cuenta de lo que hacía. Era consecuencia de su ira. Pero solo puede afectarte si existen hebras de energía que te conectan a esa persona. Casi siempre, los ataques psíquicos subconscientes provienen de alguien que conoces y a quien te unen lazos energéticos. En ocasiones provienen de alguien que no conoces, pero es raro.

Un ataque psíquico subconsciente dirigido contra ti puede manifestarse de varias formas. Puedes despertarte un día con dolor de tripa o disgustado sin ningún motivo aparente. Estos síntomas pueden deberse a causas naturales, pero pueden ser fruto de un ataque psíquico. También puede darse el caso de que dirijas un ataque psíquico contra alguien sin pretenderlo. De joven, tuve un jefe que yo consideraba poco razonable. Un día me acusó de algo que yo no había hecho. Me llevé un disgusto tremendo, pero supuse que era inútil comentárselo, de modo que no dije nada acerca del incidente. Reprimí mis emociones durante todo el día, hasta que llegué a casa por la noche y estallé.

Furiosa, dije: «¡Maldito sea! ¡Ojalá lo arrolle una apisonadora!» Incluso imaginé su cuerpo aplastado como un personaje de cómic, delgado como una hoja de papel después de haber sido embestido por la apisonadora. Naturalmente, no le deseaba ningún mal, pero en ese momento me sentí más aliviada al imaginarlo despachurrado después que la apisonadora pasara sobre él repetidas veces. A menudo, cuando reprimimos nuestras emociones, sus formas de pensamientos son muy potentes y, a tenor de lo que ocurrió más tarde, supongo que mis pensamientos debían de estar muy focalizados y ser muy intensos.

Al día siguiente, cuando llegué a mi lugar de trabajo, vi que mi jefe tenía muy mal aspecto. «¿Qué te pasa, Neal?», pregunté. «No sé lo que ha ocurrido», respondió, «pero esta mañana, cuando me desperté, me sentí como si me hubiera arrollado una apisonadora».

Yo me quedé de piedra. Me sentí fatal. No había pretendido lastimarlo, pero era evidente que le había dirigido inconscientemente una energía perniciosa, que es una especie de ataque psíquico. Fue un mal uso de energía, aunque yo no fuera consciente de lo que hacía. Me juré que no volvería a hacerlo. Y no lo he hecho, por más que me enfade con alguien debido a determinada situación. A veces me he sentido tentada a hacerlo, en especial cuando alguien que quiero es víctima de una injusticia. En este aspecto soy un poco como una mamá osa. Pero hasta la fecha he reprimido el impulso porque sé lo poderosos que pueden ser estos ataques psíquicos.

Cuanto más poder personal y fuerza interior posees, menos propenso eres a dirigir tu ira contra otra persona. Las personas que envían formas de pensamientos negativas subconscientes suelen ser personas que se sienten desempoderadas o víctimas de la vida. Carecen de poder personal. Cuanto más fácil te sea defender tus derechos, menos probable es que envíes un pensamiento negativo subconsciente contra otra persona. De haber dicho yo a Neal que estaba enojada por lo ocurrido y haberle explicado con calma las razones, no habría reprimido unas emociones que habían estallado disparándole una especie de flecha psíquica que le había alcanzado.

Si te sientes satisfecho porque estás convencido de que no has dirigido nunca un ataque psíquico contra alguien, pregúntate si alguna vez te has enfurecido y deseado que le ocurriese algo malo a una persona que…

- ¿Conducía de modo imprudente en el tráfico?
- ¿Te adelantó para meterse en el aparcamiento y ocupar tu espacio?
- ¿Se coló delante de ti en la fila?
- ¿Estuvo grosera por teléfono?

Si has respondido sí, es probable que alguna vez hayas dirigido de forma subconsciente energía negativa contra alguien. No te sientas culpable por ello. Todos lo hemos hecho. Es importante que te perdones a ti mismo. Sin embargo, si te das cuenta de que reincides, para de inmediato. Este tipo de ataques siempre se vuelven contra ti, más pronto o más tarde, de una forma u otra. Más adelante, en este capítulo, aprenderás métodos para repeler ataques psíquicos y energías negativas que se vuelven contra ti como un bumerán.

Ataque psíquicos deliberados

La mayoría de ataques psíquicos son subconscientes; sin embargo, en algunos casos, raros, una persona envía energía negativa conscientemente. Cuando te sucede esto, es difícil sentirse centrado. Antiguamente, estas formas de pensamientos negativos eran denominadas maldiciones, encantamientos, mal de ojo y magia negra, entre otras cosas. Este tipo de ataques ocurren cuando alguien experimenta emociones intensas y dirige esos sentimientos hacia una persona con una precisión de rayo láser. Son ataques reales, pero existen métodos para defenderte de ellos.

Si eres objeto de un ataque psíquico dirigido e intencionado, pero tu energía es fuerte, nada (absolutamente *nada*) puede penetrarte. Ni siquiera te darás cuenta de que te están atacando. Estarás en otra frecuencia. Es como si sintonizaras una emisora de música clásica y en otra emisora estuviera un polémico presentador de un programa radiofónico abierto al público despotricando contra el mundo, que tú ni siquiera lo oirías. No obstante, en épocas en que te sientes cansado, estás enfermo, bebes demasiado o consumes drogas recreativas, o pasas por momentos de grandes altibajos emocionales, tu campo energético puede estar debilitado y un ataque psíquico puede ser devastador.

En cierta ocasión, cuando me hallaba en Australia, una amiga aborigen me informó de que algunos miembros de su clan habían «señalado con un hueso» a una autora que afirmaba que su libro superventas sobre los aborígenes era una historia real cuando no lo era. Puesto que yo no podía hacer nada al respecto, me limité a rezar para que el tema se resolviera de modo satisfactorio para todos. Poco después de que los aborígenes señalaran a la autora con un hueso, el hijo de esta sufrió un grave accidente de coche. Por fortuna, el chico se salvó. La autora no sabía que la habían señalado con un hueso, pero al parecer tuvo un impacto dramático en su vida. (Su libro, que al principio había sido clasificado como no ficción, más tarde fue publicado como una novela, como lo que era realmente.)

El término *señalar con un hueso* significa que un aborigen toma un hueso y señala con él a alguien a quien desea perjudicar; es una especie de ataque psíquico. Es un ataque tan grave, que antaño era frecuente que los aborígenes que eran víctimas de este tipo de ataque psíquico murieran sin que se percibiera ninguna causa física aparente.

Solo me ha ocurrido un par de veces en mi vida, pero he sido víctima de ataques psíquicos conscientes. Este tipo de experiencias suelen pillarte por sorpresa y te afectan gravemente. La mayoría de las veces no sabes qué te ha ocurrido. Una vez, una mujer que había asistido a mis seminarios me contó que había tenido la revelación de que debíamos impartir juntas nuestras enseñanzas. Dijo que eso beneficiaría su carrera. Yo no lo conocía, salvo por haberla visto en varios eventos que yo había organizado. Respondí educadamente que yo impartía sola mis enseñanzas y no tenía pensado hacerlo con otra persona. La mujer insistió en que nuestro karma indicaba que debíamos impartir juntas nuestras enseñanzas. Dijo que se veía dando clase a grupos de miles de personas en todo el mundo..., y yo debía ayudarla a conseguirlo. No me gusta truncar los sueños de nadie, pero sabía que yo no era la persona que la ayudaría a conseguirlo, de modo que rechacé su proposición con el máximo tacto. Supuse que ella lo había entendido, y olvidé el episodio.

Al cabo de una semana empecé a sentir en algunos momentos, inexplicablemente, como si no pudiera respirar. En otros momentos sentía una intensa opresión en el pecho. Ocurrió en repetidas ocasiones. Cada vez, me pilló por sorpresa. Mi estado de salud era excelente, por lo que no alcanzaba a comprender lo que me ocurría. Por fin, me sumí en una profunda meditación. Vi unas hebras gruesas y oscuras que se habían enroscado alrededor de mi pecho, comprimiéndome las costillas. ¡No era de extrañar que no pudiera respirar! De improviso apareció el rostro de esa mujer. Estaba furiosa, fuera de sí. En cuanto vi su rostro, comprendí que yo era objeto de un ataque psíquico. Me sorprendió que ella fuera la autora. Casi había olvidado nuestra conversación.

De inmediato empecé a eliminar esas hebras. Eran increíblemente densas y viscosas, casi como brea. Cada vez que trataba de arrancar una, volvía a adherirse a mí. Tuve que aumentar mi frecuencia y mis vibraciones a fin de que las hebras no pudieran engancharse. Por fin logré desprenderme de ellas, pero durante todo un mes, cada vez que me sentía cansada o sin energía, era objeto de otra oleada de ataques.

Tenía curiosidad por saber si estos ataques eran conscientes o subconscientes, de modo que hice algunas pesquisas. Cuando averigüé que esa mujer había estudiado magia negra, deduje que los ataques eran conscientes.

Yo sabía por qué me había atacado. No había encajado que yo rechazara su oferta, máxime porque creía haber tenido una revelación de que yo la haría famosa. No me gustó que me atacara, pero comprendí los motivos que la habían impulsado a hacerlo. Además, supuse que la mujer debía de padecer algún trastorno mental. Cuando emprendemos la senda de la compasión, debemos tratar de entender por qué la gente se comporta como lo hace. De esta forma nos resulta más fácil perdonar y olvidarnos del tema.

También me compadecí de ella debido a la ley del karma, que sostiene que, cuando una persona envía conscientemente energía negativa para dañar a otra, la intensidad de la energía se multiplica y se vuelve contra ella. Yo sabía que lo que esa mujer me había enviado acabaría perjudicándola a ella. Así es como funciona la energía. La persona que envía un ataque psíquico *siempre* acaba sufriendo un grave perjuicio..., a veces irreparable. Puede que no de inmediato, pero siempre ocurre.

Por más que goces vengándote de alguien o haciendo que sufra el daño que te ha causado, siempre acabará perjudicándote a ti. *No lo hagas*. Cuanto más arriba te encuentres en la escala espiritual, más rápidamente se volverá contra ti. Es lo que yo llamo KI: karma instantáneo. He querido mencionarlo por si estás pensando: «Me encantaría fastidiar un poco a mi exjefe. Quizá podría enviarle un pequeño ataque psíquico». Te aseguro que se volverá contra ti. ¡No lo hagas!

En ciertos momentos me parecía muy injusto que esa mujer me estuviera atacando. Yo no le había hecho nada malo. Pero recordé que existía una verdad más profunda, y cuando analicé todos los aspectos de la situación, comprendí que yo tenía un patrón de haber sido tratada injustamente que se remontaba a mi infancia. Comprendí que esos ataques eran una oportunidad para resolver ese patrón, de modo que no respondí a ellos. Me puse manos a la obra para eliminar ese viejo patrón. ¡De paso, levanté recios escudos para protegerme! Y seguí arrancando las viscosas hebras cada vez que lograban traspasar el escudo. Al fin, los ataques cesaron y no volví a saber de esa mujer.

Síntomas de un ataque psíquico

Todos los síntomas que describo a continuación pueden deberse a razones absolutamente lógicas y no tener nada que ver con un ataque. Sin embargo, si sufres varios ataques de este tipo y no hay razones físicas que las expliquen, conviene que explores tus hebras para comprobar si se trata de un ataque psíquico.

- **Un dolor repentino.** Puede producirse en el mismo lugar o a la misma hora. O el dolor puede presentarse súbitamente y desaparecer con la misma rapidez.
- **Cansancio y apatía.** Te sientes sin fuerzas y agotado, sin ninguna causa aparente.
- **Dolores de cabeza.** Experimentas súbitos dolores de cabeza, algunos muy serios.
- **Sensación física de frío.** Sientes escalofríos inexplicables o la sensación de un frío intenso.
- **Pesadillas.** De noche tienes sueños terroríficos. No es raro que aparezcan imágenes de la persona que te ataca en tus sueños, o que aparezca de forma simbólica. Por ejemplo, Donald —uno de mis estudiantes— veía reiteradamente en sueños a un temible ciervo de colmillos largos y afilados.

También veía a un ciervo recién nacido de ojos malévolos inyectados en sangre. Por fin comprendió que era un colega, que sentía envidia de él, quien le despojaba de su energía. Donald tuvo suerte de que el sueño fuera tan obvio, pues en muchos casos los sueños son difíciles de descifrar.

- **Sensación de que te observan.** A veces puedes tener la sensación de que hay alguien a tu lado o alguien que ves por el rabillo del ojo, pero cuando te vuelves no ves a nadie.
- **Cabeza espesa.** Es como si tuvieras el cerebro lleno de serrín. Te cuesta encontrar la palabra justa y te resulta difícil concentrarte.
- **Respiras con dificultad.** Te cuesta respirar y sientes una opresión en el pecho, como si tuvieras a alguien sentado sobre ti.
- **Te sientes abatido, deprimido.** Tienes extraños sentimientos negativos. Sientes una opresión en el pecho y te cuesta respirar, o bien te sientes deprimido.
- **Emociones intensas e imprevisibles.** Te disgustas por cualquier cosa o reaccionas de forma exagerada ante una situación que en circunstancias normales no te afectaría. Sientes que tus emociones son inexplicablemente intensas.

Ésta es solo una breve lista y, desde luego, pueden existir numerosas razones que expliquen estas experiencias, pero si tienes estos síntomas y crees ser objeto de un ataque, quizá lo seas.

¿Por qué querría atacarte alguien?

Es inquietante pensar que alguien tiene pensamientos nocivos sobre ti. La primera vez que lo experimenté, no salía de mi asombro. Yo sabía que soy una persona amable y comprensiva y no deseaba ningún mal a nadie. No comprendía por qué querría alguien lastimarme. De acuerdo, yo era una ingenua..., muy ingenua. La vida no siempre es justa. A veces ocurren cosas malas a personas buenas. Sin embargo, debajo de la superficie de la vida aprendemos y crecemos a partir de cada experiencia, incluso las más ingratas. Estas son algunas de las razones por las que alguien puede atacarte:

Celos. La mayoría de las veces, un ataque proviene de alguien que te tiene celos. Quizás hayas obtenido una promoción en el trabajo que esa persona no ha conseguido. Quizá te hayas casado con la persona de la que ella estaba enamorada. Quizá tu hermano o tu hermana crea que uno de vuestros progenitores te quiere más a ti. O quizá crea que su vida está estancada, mientras que la tuya va viento en popa. La lista es interminable. Los celos es la razón más frecuente de que se produzca un ataque. Conviene recordar que *las malas acciones son fruto del temor (o la ignorancia)*, y si alguien tiene celos de ti, es probable que en el fondo tema ser inferior a ti. Saber que la persona que te tiene celos es una persona temerosa e insegura puede ayudarte a compadecerte de ella.

Desacuerdos. Los ataques también pueden provenir de alguien a quien le fastidia que no compartas sus puntos de vista, por ejemplo sobre política o religión.

Enfermedades mentales. La persona que padece una enfermedad mental no contempla el mundo que la rodea con claridad y puede ofenderse por cosas ilusorias. Sus ataques psíquicos subconscientes pueden ser inesperados y crueles. Yo me encontré en la penosa circunstancia de tener una madre a la que diagnosticaron esquizofrenia paranoide. Durante mi infancia mi madre tuvo que ser ingresada en varias ocasiones, a lo largo de muchos años, en hospitales psiquiátricos. A veces se comportaba de forma violenta, y algunas autoridades sanitarias de los servicios psiquiátricos temían por mi integridad física. Las hebras que fluían entre nosotras eran tan persistentes que, aunque yo me encontrara a casi mil kilómetros de distancia, sentía cuándo mi madre sufría un episodio, en especial cuando estaba pensando en mí. La energía era tan intensa que a veces me sentía como si me golpearan en la cabeza con un bate de béisbol. (Su paranoia la llevó a creer que yo era su enemiga. En otra ocasión pensó que el FBI me estaba vigilando, y se paseó arriba y abajo por la acera frente a nuestra casa con una pancarta que decía: *Sé que nos estáis vigilando.*)

Drogadicción. Una persona que está enganchada a las drogas no solo tiene agujeros y desgarros en su campo áurico (de forma que las entidades astrales puedan pasar a través de ellos y adherirse a ella), sino que —dado que no ve el mundo con claridad— puede ofenderse sin motivo alguno y dirigir un violento ataque psíquico contra alguien que piensa que la ha perjudicado.

Posesión. Aunque es muy raro, se dan casos en que una persona está poseída. No obstante, el noventa y nueve por ciento de las veces, lo que interpretamos como una posesión no lo es. Lo más probable es que no te encuentres nunca con una persona que está poseída. La mayoría de las veces, la persona padece un desequilibrio o un trastorno mental y creemos que está poseída basándonos en lo que vemos en películas y series de televisión.

He incluido la posesión bajo el epígrafe de ataques psíquicos porque puede presentar síntomas similares. Pero es distinto de un ataque. La posesión se produce cuando una entidad (o un espíritu terrestre) coocupa un cuerpo durante cierto tiempo. Solo puede suceder si el cuerpo tiene aberturas en su campo áurico. Estas aberturas suelen deberse al consumo excesivo de drogas (o alcohol) durante largos períodos de tiempo; aunque a veces puede ocurrir cuando una persona se siente agotada o cede continuamente su poder personal a otros.

¿He atraído yo esto contra mí?

Algunas personas me preguntan: «¿He atraído yo este ataque contra mí?» Desde un punto de vista espiritual, atraemos todas las experiencias vitales a partir de las cuales aprendemos y crecemos. Esto no significa que haya nada malo en ti. Ni que seas una persona negativa. Es una de las experiencias de la vida. No te juzgues con dureza si eres víctima de un ataque psíquico. No conoces toda la historia. Interprétalo como una experiencia de la que puedes aprender.

El ejemplo que describo a continuación confirma que en ocasiones no conocemos toda la historia. Seis meses después de que Barbara asistiera a uno de mis seminarios tomó la decisión de divorciarse de su marido. Era algo que venía meditando desde hacía tres años. Su marido era un alcohólico y una persona violenta, y Barbara comprendió que ella misma había permitido que la situación llegara a esos extremos. Sabía que era el momento de cambiar de vida. Cuando informó a su marido de que quería divorciarse, él dedujo que se debía a «esas tonterías del *New Age*» en las que ella creía. Como mi seminario era el último al que había asistido Barbara, su marido decidió que yo tenía la culpa y dirigió su furia contra ella y contra mí.

A Barbara la aterrorizaba su marido y decidió ocultarse. Las personas que regentaban la casa de acogida para mujeres que sufren violencia doméstica en su ciudad temían por su seguridad y le aconsejaron que se mudara a otro estado hasta que su marido entrara en razón. Puesto que su esposa se había ocultado, el marido focalizó su furia contra mí. Esperaba en el coche frente a nuestra casa y luego me seguía en mi coche para intimidarme. Me escribía cartas amenazantes y *hackeó* mi ordenador. Por la época en que ocurrían estas cosas, sentí la violencia de su furia: era un ataque psíquico de lo más violento. Por fin, mi marido y yo conseguimos una orden de alejamiento contra él. Nos concedieron la orden de alejamiento más severa y más larga que concedían en el estado de California. Yo sabía que no había perjudicado en nada a este hombre. No había aconsejado a su mujer que se divorciara de él. Jamás lo habría hecho, porque no me correspondía hacerlo. Pero en lugar de preguntarme qué había hecho para atraer esta experiencia a mi vida —y machacarme—, me dije que no conocía toda la historia. Recordé que, aunque no comprendía por qué me veía envuelta en el problema de otra persona, formaba parte del plan del Creador. Y así era.

Cuando expiró la orden de alejamiento de tres años de duración, el marido de Barbara me escribió una carta disculpándose por lo ocurrido y para darme las gracias. Dijo que esa experiencia era lo mejor que le había ocurrido, pues había transformado su vida. Había sido uno de los principales ejecutivos de una importante compañía radicada en California y, como consecuencia de lo que había sucedido, había perdido su empleo, su prestigio, a su esposa y a sus amigos. Me explicó que eso le había llevado a meditar profundamente y a analizar lo ocurrido. Posteriormente hizo un curso de formación en una escuela de masaje y se convirtió en sanador. Comprendió que se había convertido en un hombre de negocios de éxito para satisfacer las expectativas de sus padres, pero no le agradaba el papel de ejecutivo. Sin embargo, cuando lo perdió todo, descubrió su auténtica vocación: la de sanador. Estaba convencido de que eso no habría ocurrido nunca de no ser por la orden de alejamiento que yo había solicitado contra él: fue la señal de alarma que necesitaba.

Como es natural, yo tenía que emprender mi propio viaje, y he crecido a través de todas las experiencias que he vivido. Tiempo atrás nunca me atrevía a decir lo que pensaba, de modo que una de las cosas que adquirí fue la capacidad de mantenerme firme cuando acudí al juzgado para solicitar la orden de alejamiento. Comparto esta experiencia contigo como un recordatorio de que muchas veces no conocemos toda la historia, incluso cuando creemos ser objeto de un ataque psíquico. Aunque, en general, existe un propósito más profundo que desconocemos, conviene que aprendas a salvaguardar y proteger tu energía cuando creas ser el destinatario de unas energías perniciosas.

Tú también eres en parte responsable del ataque psíquico

Todos tenemos cierta responsabilidad cuando somos atacados psíquicamente. Desde una perspectiva superior, es algo que desencadenamos o a lo que nos exponemos sin darnos cuenta. A veces lo atraemos a nuestra vida como un medio que nos permite crecer espiritualmente. A veces el mero hecho de reconocer que tienes cierta responsabilidad en el tema puede suavizar la situación. Es como cuando se produce una discusión y una de las partes pide disculpas, zanjando así el problema.

Aunque a un nivel más profundo tú mismo hayas atraído esa situación a tu vida, como he mencionado antes, no hay motivo para que te sientas culpable. Estás creciendo espiritualmente. A veces la lección que aprendes es la de defender tus derechos y tomar cartas en el asunto. Al principio me horrorizó tener que ir a solicitar una orden de alejamiento contra ese hombre. Me daba apuro e incluso vergüenza. Pensé que, si yo misma había atraído ese ataque a mi vida, debía responsabilizarme de ello. Me sentía culpable por haberlo provocado. Pero, tras una profunda reflexión, comprendí que no había sabido nunca defender mis derechos. No quería incomodar a nadie. Siempre procuraba mantener la paz a toda costa. La orden de alejamiento marcó la primera vez en mi vida que no dudé en defender mis derechos. Fue una poderosa lección, y a partir de entonces me he sentido más fuerte y segura de mí misma. Así pues, tanto ese hombre como yo salimos ganando con la experiencia.

«CONFÍA EN DIOS, PERO ATA A TU CAMELLO»

Aunque no creas en las técnicas de protección, y sabes que el amor es la mayor protección, y crees que los ángeles siempre te protegerán, no deja de ser importante que sepas cómo protegerte. Debes estar preparado para tomar medidas en caso, poco probable, que debas hacerlo. En la vida podemos confiar en el espíritu, pero debemos tomar medidas positivas para protegernos.

Por tanto, si piensas tomar un atajo por un callejón oscuro en un sector poco recomendable de la ciudad y crees que no te pasará nada porque estás protegido, recuerda que tienes que poner de tu parte. A veces no basta con proteger tu energía; tienes que tomar otras medidas y no tomar ese atajo.

Yo creo que debemos contemplar el mundo desde la mejor perspectiva y ser optimista en la vida. Sin embargo, también creo en un dicho de Oriente Próximo que dice: «Confía en Dios, pero ata a tu camello». ¿Qué significa? Pues que debemos confiar en que todo irá bien, pero, aunque confíes en que Dios velará por tu «camello», debes atarlo por la noche para impedir que se aleje. Tú también tienes que poner de tu parte.

Confía en las cualidades de la luz, la gratitud y la alegría. Pero, en el caso poco probable de que seas víctima de un ataque psíquico, conviene estar preparado para tomar medidas. Creo que es como confiar en que tendrás un magnífico viaje en coche y rodear tu coche con luz blanca, pero sin olvidarte de utilizar el cinturón de seguridad. Estás preparado por si se produce un accidente. Has tomado medidas físicas además de medidas espirituales.

Una noche, cuando estaba a punto de dormirme, recordé que había olvidado cerrar la puerta del gallinero. Fuera hacía frío, y yo estaba calentita en mi cama. Pensé: «No pasará nada, pediré a los ángeles que protejan a las gallinas». Pedí al arcángel san Miguel que se situara junto a la puerta del gallinero para proteger a las gallinas durante la noche. Confié en que todo iría bien.

A primeras horas de la mañana, soñé que había tres montoncitos de plumas negras junto al gallinero. Sobresaltada por el sueño, me puse una bata y subí apresuradamente la cuesta hacia el gallinero. Al igual que en mi sueño, vi tres montoncitos de plumas negras… y cuando entré en el gallinero comprobé que nuestro gallo, *Gatsby*, había desaparecido. Un coyote lo había atacado durante la noche, y lo único que quedaba de él eran esos tres montones de plumas. *Gatsby* era un gallo muy gentil, todo un caballero, por eso le habíamos puesto *Gatsby*. Y había desaparecido porque yo «no había atado a mi camello». Es una lección que no he olvidado nunca. No bastó con que yo invocara la protección de los ángeles. Debí haber tomado medidas para prevenirlo.

A veces no basta con pensar que no ocurrirá nada, o que los ángeles te protegerán. A veces tienes que protegerte tú mismo. Es natural que te protejas si crees que debes hacerlo. Aparte de las medidas físicas que puedes tomar para tu seguridad, existen técnicas muy valiosas que cualquiera puede utilizar para proteger su campo energético, para que te sientas centrado y fuerte al margen de quiénes te rodeen.

PREPARACIÓN PARA LA PROTECCIÓN Y AUTODEFENSA PSÍQUICA

A continuación te ofrezco algunos consejos sobre cómo debes prepararte para protegerte. Sigue estos pasos antes de elegir cualquier método de salvaguarda.

1. Céntrate. Cada mañana dedica unos momentos a centrarte y a focalizar tu mente. Conecta con el lugar en tu interior donde mora una profunda paz. Conectar con ese lugar hace que tu campo energético sea más fuerte y más vibrante durante el día.

A lo largo del día, dedica unos minutos a potenciar tu consciencia y a sentir tus campos energéticos preguntándote: «¿Qué es la verdad para mí ahora?» Al alma le encanta la verdad, y esta práctica espiritual te ayudará a ser consciente de las hebras y los cordones de energía que te rodean. Tómate unos minutos para observar periódicamente a las personas con las que estás y el entorno en el que te encuentras. Observa si hay unas partes de tu cuerpo que crees que están afectadas. Este es un importante punto de referencia. Cuando te acostumbres a hacerlo, sabrás cuándo debes protegerte y cuándo no.

2. Distánciate. Cuando descubras que alguien o algo merma tu energía, distánciate. En lugar de erigir de inmediato un escudo protector, a veces basta con que pongas una distancia física entre tú y lo otro. Crea unos límites personales a través del espacio. También puedes disociarte emocionalmente. No reacciones y no te tomes las cosas personalmente. Distánciate: no se trata de ti. No alimentes el drama de los otros. Con frecuencia tu respuesta negativa a alguien puede perjudicarte más que la negatividad de los otros. Cambia el foco de tu conversación. Si el otro empieza a quejarse del primo Billy en tono negativo, comenta que cuando te dirigías a trabajar viste unas rosas maravillosas. Si el otro quiere hablar sobre sus problemas, cambia el foco y trata de ayudarlo a hallar una solución. Generalmente no consigues nada tratando de cambiar el punto de vista de otra persona, pero puedes responder en lugar de reaccionar.

3. Contempla el mundo a través de los ojos del otro. Afrontar la verdad profunda no siempre es fácil. Imagina que contemplas el mundo a través de los ojos de la persona contra la que crees que debes protegerte. Por más que te cueste, procura entender su punto de vista. No tienes que aceptarlo; basta con que lo entiendas. Cuanto mayor sea la compasión y comprensión que te inspira la persona que crees que te roba tu energía, menos logrará despojarte de ella. Este ejercicio suaviza la polaridad entre ambos.

4. Visualiza tu jornada. Dedica un rato a visualizar tu jornada y a verte relajado y pletórico de energía durante todo el día. Veinticuatro minutos es el tiempo óptimo que debes dedicar a este ejercicio: un minuto por cada hora. No obstante, incluso 60 segundos de visualización puede marcar una diferencia. Sé positivo. Céntrate en cosas que te hacen sentir bien. Cambia de inmediato el chip si notas que durante tu visualización empiezas a pensar en lo que te disgusta o te preocupa. Cambia deliberadamente tu estado de ánimo y borra de tu mente los pensamientos que te debilitan. Piensa en algo que te proporciona alegría. Este ejercicio mantiene tu energía vibrante durante todo el día, de modo que es menos probable que tengas que protegerte.

MÉTODOS PARA LA PROTECCIÓN Y LA AUTODEFENSA PSÍQUICA

Cuando estás con otras personas, tu campo energético se ve afectado. A menudo es difícil distinguir qué es tuyo y qué es de otra persona. Sin embargo, existen algunas técnicas muy valiosas que puedes utilizar para contribuir a proteger tu campo energético en caso necesario, para que te sientas centrado y fuerte al margen de quienes te rodeen. Te recomiendo que las pruebes todas para comprobar cuál te resulta más eficaz.

Método de protección n.º 1: Luz blanca

A menudo, cuando vemos pinturas de santos, muestran un resplandor o un halo radiante su alrededor. A veces esta luz se denomina la consciencia de Cristo. Representa una energía positiva, beneficiosa. En *El mago de Oz*, Glenda, la bruja buena, aparece en una radiante burbuja. Todo lo bueno se concentra en la burbuja. Para este método de protección, tú creas tu propia burbuja de luz blanca resplandeciente. Visualizar una esfera o una bola de luz blanca que te envuelve es uno de los medios más habituales y efectivos de proteger tu energía.

Visualiza que toda energía que no es necesaria rebota contra esta esfera o es rechazada por ella. La eficacia de este método depende de la claridad de tu intención y tu capacidad de concentrarte y dirigir esa intención. El mero hecho de imaginar que una bola de luz blanca te rodea suele ser eficaz en la mayoría de situaciones normales, pero a la hora de crear un potente campo de fuerzas protectoras, estos son algunos factores que contribuyen a potenciar su eficacia:

1. Imagina una esfera con forma de huevo que rodea tu cuerpo. Debe sobresalir de tu cuerpo no menos de treinta centímetros y no más de noventa centímetros. Cuarenta y cinco centímetros es la medida ideal. Está llena de una luz blanca resplandeciente.
2. La esfera tiene una superficie muy resistente, comparable a un cristal a prueba de balas. Pese a su resistencia, puedes ver a través de ella.
3. Observa toda la superficie por si presenta pequeños desgarros, grietas o incluso arrugas. Observa también si en algunas zonas este material protector es más delgado que en otras. Lo ideal es que la superficie sea lisa y reflectante como un espejo pulido.

4. Si hay algo que debes reparar, imagina que dispones de un pegamento cósmico o una varita mágica con que repararlo. La superficie exterior deber ser lisa y resbaladiza para que nada pueda adherirse a ella.
5. Ten en cuenta que solo las energías de elevada frecuencia más beneficiosas pueden atravesar la superficie resistente pero semipermeable de tu esfera de luz blanca. Tu energía puede fluir a través de ella, pero solo las frecuencias más impolutas pueden penetrarla. Es un campo de fuerzas invisible e imponente.

Puedes utilizar otros colores además del blanco para tu esfera. Puedes imaginar una esfera de luz rosada a tu alrededor, que te envuelve en una energía benevolente. O visualizar una bola de luz verde, que te abraza con una energía sanadora. La luz dorada suele evocar las esferas celestiales, además de la sabiduría interior. O tu esfera puede ser de color violeta, pasando de lo negativo a lo positivo. Imagina que te hallas en el centro de una espléndida y radiante luz violeta. La luz violeta tiene la facultad de transmutar y disolver la energía nociva en la luz. Puede ayudarte a eliminar las energías perjudiciales de tu pasado. También puede transformar el temor y la ira en amor y gozo. Todo lo que no es necesario se disuelve en esta esplendorosa luz que te rodea.

A veces es útil imaginar una abertura semipermeable en la parte superior de la esfera a través de la cual penetra una radiante cascada de luz blanca o dorada que cae del cielo sobre ti. Solo una energía vital celestial puede pasar a través de esta abertura. Y en el fondo de tu esfera hay un sumidero por el que se escurre todo lo que no es necesario y cae en tierra, donde es neutralizado. Nada puede penetrar a través de esta abertura salvo lo que contribuye al bien supremo.

Hace muchos años, una amiga me contó que una luz blanca le había salvado la vida. Un día, al cruzar la calle, un coche se precipitó hacia ella. Me dijo: «Denise, no me dio tiempo a echar a correr, de modo que alcé las manos sobre mi cabeza, agarré una luz blanca y bajé las manos, como si cerrara una persiana. Al instante, la luz blanca me rodeó por completo».

Continuó diciendo: «El coche frenó en seco, deteniéndose justo en el borde de mi escudo de luz blanca. El conductor, demudado, se apeó y me miró como si no diera crédito. Dijo que era como si un campo de fuerzas invisibles hubiera detenido su coche».

«¿Qué ha pasado? ¡Pude haberla matado!», exclamó. Mi amiga le contó lo de la luz blanca, pero el hombre se alejó meneando la cabeza con incredulidad.

Comparto esto contigo porque quiero que sepas lo poderosa que es la esfera protectora de luz blanca. Sin embargo, a mi modo de ver, si un coche se precipita hacia ti, echa a correr para ponerte a salvo. Es buena idea rodearte de una luz blanca antes de salir de casa si tu intuición te aconseja que lo hagas.

Método de protección n.° 2: Talismanes

Un talismán es un objeto que llevas sobre tu persona, alrededor del cuello o en un bolsillo, o dentro de algo que llevas contigo (como un bolso), que posee propiedades protectoras. A menudo están ocultos, pero también pueden estar a la vista.

En la mayoría de tradiciones religiosas y espirituales son frecuentes los amuletos y los talismanes que tienen el propósito específico de proteger. Los cristianos utilizan el crucifijo y el rosario. Los musulmanes utilizan el *hamsa*, los chamanes en culturas nativas tienen unas bolsas o zurrones medicinales llenos de objetos sagrados que constituyen una fuerza protectora. Todas las culturas ha utilizado tradicionalmente talismanes. Los arqueólogos han hallado en cementerios de todo el mundo amuletos que al parecer eran utilizados con fines protectores, incluso en el más allá. En el antiguo Egipto colocaban amuletos sobre los muertos para protegerlos durante su viaje al más allá.

Aunque en las culturas occidentales no existe una marcada tradición de amuletos y talismanes, estos se siguen utilizando incluso en la actualidad. Cuando alguien luce un dije de la suerte o lleva una pata de conejo en el bolsillo o el bolso, evoca la antigua costumbre que tenía la gente de portar amuletos. Hace poco asistí al funeral de un amerindio navajo. Fue un oficio cristiano, pero la bolsa medicinal de mi amigo fue colocada junto a él en el ataúd para protegerlo durante su viaje al más allá, junto con un voluminoso crucifijo cristiano. Cuando el astronauta Edward White viajó a la luna, llevó un crucifijo de oro, una estrella de David y un san Cristóbal de metal.

Un talismán moderno puede ser un objeto bendecido por un sacerdote, o puede ser una piedra o un cristal que ha sido purificado y bendecido con fines protectores. También puede ser un pequeño objeto perteneciente a un familiar por el que sientes gran cariño, como un abuelo o un antepasado, que significa mucho para ti. También pueden ser unas hierbas, como salvia o romero, que se utilizan tradicionalmente con fines protectores.

Incluso un guijarro en un collar, en el bolso o en un bolsillo, puede ayudar a crear un escudo protector a tu alrededor. Estas son algunas piedras que suelen utilizarse como talismanes protectores:

- La turmalina negra, la obsidiana negra, las lágrimas de apache, el ónice, el cuarzo ahumado, la sanguinaria y el azabache son excelentes para repeler energías que no son beneficiosas. Son las mejores piedras que puedes utilizar para protegerte contra energías perniciosas.
- El ámbar es excelente para protegerte contra la negatividad. (En la antigüedad, los romanos utilizaban con frecuencia el ámbar con este propósito.)

- La halita (cristal de roca) tiene unas propiedades fabulosas para centrarte y protegerte. Si vives en una zona húmeda, guarda tu halita en una bolsita de plástico para que no «llore» y te manche la ropa o el bolso.
- Se han utilizado todo tipo de ágatas para alejar la energía negativa. Debes elegir tu propia ágata; selecciona una que sientas que es poderosa, porque las cualidades protectoras de las ágatas varían según las piedras. El ágata de encaje azul es excelente para proteger a los niños.
- La celestina, la malaquita y el cristal de cuarzo pueden crear una esfera suave y benevolente de protección energética. (Todas ellas son también excelentes para proteger a niños y ancianos.) Se trata de materiales delicados que deben limpiarse periódicamente, en especial el cristal. (Para limpiar un cristal —o cualquiera de estas piedras—, enjuágalo bajo el chorro de agua fría durante tres minutos, o déjalo fuera por la noche bajo las estrellas y la luna, o bajo una lluvia torrencial durante tres horas.)

Los talismanes poseen un gran poder, pero reaccionan a tus intenciones y tus creencias. Si crees que un determinado objeto contiene una energía potente, te protegerá. Si no lo crees, no te protegerá. Durante el tiempo que pasé junto a gentes de culturas nativas, me ofrecieron varios objetos de poder. Es un honor recibirlos. Un día me ofrecieron la placenta seca de un reno que había impartido fuerza y protección a un chamán de Laponia. Era un regalo especial, y sé que este objeto era poderoso para el chamán, pero a mí me pareció seco, feo y antihigiénico..., por lo que no me ofrecía una energía protectora. Yo no creía en su poder, por lo que no me procuró ninguno. Otro nativo americano me mostró que en su bolsa medicinal llevaba las cabelleras de unos hombres que había matado en Vietnam. Afirmó que formaban parte de su protección, pero yo estaba horrorizada. Esos objetos habrían tenido para mí una energía negativa, pero para él constituían el atributo de un valeroso guerrero. Cuando elijas objetos para que te protejan, debes tener en cuenta tus creencias y tener muy clara tu intención respecto del amuleto.

Para empezar:

1. Confecciona o compra una bolsita para llevarla debajo de la ropa donde no se vea. Un buen tamaño es ocho centímetros por ocho centímetros. Puedes colgarla de un cordón alrededor del cuello, llevarla en el bolsillo o el bolso, o colgada del cinturón.
2. Decide qué objetos quieres guardar en tu bolsita de protección. Te aconsejo que empieces por una pieza de obsidiana y un poco de salvia seca. Más tarde puedes añadir otros objetos, o incluso unas palabras escritas en un papel, como *El arcángel san Miguel me protege.*
3. Bendice la bolsita sosteniéndola junto a tu corazón y recitando tres veces: «Estoy a salvo y protegido. Todo está bien».

Método de protección n.° 3: Un escudo

Cuando estuve en el *outback*[4] con los aborígenes de Australia, me dieron un «escudo de mujer». Consistía en un trozo de madera estrecho, de unos quince centímetros de ancho y medio metro de largo. No imaginé que ese escudo pudiera proteger a nadie en una batalla, dado lo pequeño que era, pero me aseguraron que, cuando lo sostenía una mujer, su energía quedaba protegida. Activaba una especie de campo de fuerzas a su alrededor. Al oír esta explicación,

4. *Outback*: interior remoto y semiárido de Australia. (*N. de la T.*)

lo comprendí. Utilizar un escudo significa crear un campo energético a tu alrededor en el que estás seguro y protegido. (Es distinto de la esfera de luz blanca, puesto que se trata de un escudo físico.) Utilizar un escudo no significa cerrar tu corazón, desconectarte de otros o cerrarte a los demás. Significa que estableces límites muy claros. Protegerte con un escudo te evita verte implicado en el drama de otra persona. Tu intención no es separarte de los demás, sino permanecer dentro de tu propia energía. Cuando te proteges con un escudo, estés donde estés, permaneces dentro de tu propio campo energético y no te mezclas con las energías de los demás.

Recuerda la frase: «Lo que es mío es mío, lo que es tuyo es tuyo».

Las personas empáticas necesitan más que otras utilizar un escudo. Un empático siente todo lo que sienten los demás. Es como si dejara la puerta de su casa abierta y entraran personas que no conoce, durmieran en sus camas, comieran su comida, dejaran su basura e incluso se instalaran en su casa. Si eres una persona empática, aprender a protegerte con un escudo equivale a cerrar con llave la verja de tu jardín, para que tu jardín y tu casa solo contenga tu energía. ¡Protégete con un escudo!

Cuando sientas la necesidad de utilizar un escudo, imagina que sostienes un escudo frente a ti. Imagina un escudo romano, un escudo vikingo, un escudo amerindio hecho de piel de búfalo ¡o incluso el escudo de Wonder Woman! Cierra la mano en un puño y sostenla junto a tu plexo solar como si sostuvieras un escudo físico. También puedes imaginar que colocas el escudo a tu alrededor antes de irte a dormir, a modo de escudo que protege tu sueño e impide que tu energía se disipe mientras duermes.

Para crear tu escudo personal:

1. **Imagina un escudo.** Visualiza un escudo similar a los escudos que utilizaría un caballero de la Tabla Redonda, pero hecho de

luz y energía. Es increíblemente potente pero ligero. La energía que irradia rodea todo tu cuerpo. El escudo puede ser transparente, plateado o dorado o estar decorado con gemas, por ejemplo rubíes.

2. **Visualiza símbolos.** En tu imaginación, coloca sobre el escudo símbolos que te den la sensación de ser protectores y poderosos. Algunas personas colocan sobre sus escudos crucifijos que representan la luz de Cristo; otras colocan corazones que simbolizan el amor; otras, un pentagrama; otras, imágenes de dioses o diosas (como Kali o Guan Yin). Imagina tu escudo de la forma que desees. Para ayudarte a reforzar tu visualización, haz un dibujo de tu escudo. Coloca tu dibujo entre el colchón y el somier para dar mayor profundidad y fuerza a tu escudo durante la noche.

3. **Bendice y empodera tu escudo.** Emprende un viaje interior con tu escudo. Para activar su poder, imagina que lo elevas al cielo para activar el espíritu del aire en él. Luego visualiza la lluvia —el agua del cielo— cayendo en cascada sobre él, infundiéndole el espíritu del agua. Ahora imagina que un rayo se abate sobre él, dotándolo de la fuerza del espíritu del fuego, y por último, imagina que lo apoyas en tierra para activar el espíritu de la tierra. A continuación sostén tu escudo junto a tu corazón para infundirle la energía del amor. Ahora dispones de un escudo muy poderoso.

Método de protección n.° 4: Espejos

Existen varias técnicas de protección con bolas de espejos, todas excelentes:

1. Para este escudo protector, imagina que estás dentro de una bola formada por espejos. El exterior de la bola es una su-

perficie de espejos lisa y reluciente. Solo una energía positiva de elevada frecuencia puede penetrar en ella; todo lo demás es repelido por la bola. Esto resulta muy eficaz para defenderte de ataques psíquicos.

2. Otro método consiste en imaginar que estás rodeado por una bola de energía, *pero los espejos están en el interior*. De esa forma, tu energía rebota hacia ti y no se disipa. Permanece dentro de la bola. Tú eres tu campo energético. (Puedes tener también una superficie interior de espejos y una superficie exterior de espejos.)
3. El tercer método está reservado solo a casos muy graves. Es muy efectivo, pero debe utilizarse con prudencia. Si hay alguien que te avasalla y eres incapaz de mantener tu energía intacta cuando estás con esa persona, este es el método que debes usar. *Debe utilizarse con compasión y en ningún caso con ira o temor*. Esto es importante, porque diriges esto hacia otra persona en lugar de focalizarla en ti.

   Para este método, imagina que una bola de espejos (con los espejos en la parte interior) rodea a la persona de quien te consideras víctima. Si esa persona te envía una energía alegre y benevolente, la energía rebota hacia ella magnificada. Si envía una energía malintencionada, también rebota hacia ella magnificada. Por consiguiente, cualquier energía negativa (que te envíe) permanece dentro de la bola de espejos.

Método de protección n.° 5: Cristales

Las culturas de todo el mundo han utilizado cristales como sistema de protección y para activar la energía. Estos son los pasos que debes seguir para utilizar cristales como protección:

1. **Elige el cristal adecuado.** Para ayudarte a decidir el tamaño y la forma de tu piedra, piensa si vas a...
    - lucir tu cristal protector
    - guardarlo en una bolsa medicinal
    - mantenerlo, simplemente, cerca de ti
    - coserlo dentro de la funda de tu almohada
    - pegarlo a tu plexo solar (con esparadrapo)

    Luego decide si vas a utilizar un cristal pulido, o facetado, una piedra natural o una piedra redondeada y pulida. Cuando adquieras un cristal protector, es preferible dejar que la piedra te elija a ti. Esto significa que cuando elijas la piedra, te fijes en el cristal que parece que te atrae a él. Te parecerá más lustroso y brillante que los otros.

2. **Limpia tu cristal.** Déjalo al sol durante cinco horas o frótalo en un sentido con aceite de eucalipto. También puedes lavarlo con jabón de menta y agua fría. Los cristales tienen una energía muy fluida y es preciso limpiarlos con frecuencia. (Otras piedras, como el azabache o la obsidiana, no requieren que las limpies tan a menudo.)

3. **Dedica tu cristal.** Sostenlo ante tu tercer ojo y di: «Te dedico a la protección y la fuerza. Me siento seguro, protegido y bien».

4. **Utiliza tu cristal.** Sostén el cristal en tu mano dominante y pásalo sobre tu cuerpo tres veces. Pásalo sobre tu cabeza, tus costados y ante la parte frontal de tu cuerpo. (Cuando pases el cristal sobre tu cabeza, concéntrate en la intención de que lo pasas también por tu espalda.) Si necesitas una protección adicional, pásalo sobre tu cuerpo nueve veces. Este método te envuelve en una esfera de seguridad y protección.

Método de protección n.º 6: Sal marina

Desde los albores de la historia, sabemos que la humanidad ha utilizado la sal con fines protectores. De todas las cosas que se utilizan en todo el globo como protección, la sal es la más ubicua. Se usa como protección en cada rincón del mundo. En algunas culturas se espolvorea sobre las repisas de las ventanas para ahuyentar a las energías negativas. En otras, se espolvorea sobre los suelos de una casa nueva y luego se elimina con la escoba: la sal absorbe las energías perniciosas, que luego son barridas. En algunas sociedades mantienen la tradición de que las personas lleven sal en el bolsillo como medida preventiva. Incluso hoy existe la tradición de arrojar sal sobre el hombro para alejar a las energías indeseadas.

Para utilizar sal como protección, puedes colocar un pequeño pedazo (o unos cuantos gránulos) en tu bolsa medicinal, o llevar una pequeña cantidad en una bolsita de seda negra en el bolso. Puedes espolvorearla en un círculo sobre el suelo alrededor de tu cama para que su energía te proteja durante la noche. O puedes colocar una pequeña cantidad de sal en las esquinas de tu casa para crear en ellas una energía protectora. Si vives en un lugar húmedo, guarda la sal en un pequeño recipiente para evitar que absorba y libere líquido, que puede manchar el suelo o los muebles.

También puedes utilizar lámparas de sal —hechas con una piedra de sal perforada en cuyo interior hay una bombilla— para que creen una energía protectora en el espacio donde las coloques. Según dicen, estas lámparas de sal emiten iones negativos beneficiosos que purifican el aire.

Método de protección n.º 7: Adopta un árbol protector

Los árboles pueden ser una fuerza protectora increíble, en especial si conectas con la energía de uno. Puedes adoptar un árbol de tu jardín, tu vecindario, un parque local o un camino por el que practicas senderismo. Elige uno que te atraiga y crea una conexión con él. Para hacerlo, apóyate en él o siéntate con la espalda apoyada en el árbol durante al menos 15 minutos y envíale amor y gratitud. Imagina que el árbol tiene voz, y escucha lo que te dice. A medida que establezcas una relación con tu árbol adoptado, háblale y dale las gracias de todo corazón. De este modo se crea entre tú y el árbol un lazo de energía. Las personas capaces de ver energía detectarán el hermoso y grueso cordón de luz entre los dos. Cada vez que necesites protección, piensa en tu árbol y el cordón se engordará y tu energía se centrará y reforzará.

Por extraño que parezca, una de las formas más rápidas de limpiar tu energía es abrazar un árbol o apoyar la espalda contra él y dejar que la energía sanadora del árbol te purifique y te centre. Esto resulta especialmente eficaz cuando se trata de un árbol con el que tienes una relación. Meditar junto a él o, simplemente, apoyar tus manos en él te envolverá en una esfera de protección y gracia.

Método de protección n.º 8: Aceites esenciales para la protección energética

Además de sus propiedades purificadoras (descritas en el Capítulo 3), los aceites esenciales son excelentes para utilizarlos con fines protectores. Cuando afronto una situación en la que siento que debo rodearme de un manto protector, utilizo aceites esenciales. Asimismo, y como normal general, suelo llevar un frasquito o dos en el bolso. El olfato está estrechamente relacionado con nuestro sistema emocional, más que con cualquier otro sentido. Cuando utilizamos aceites esenciales, se crea un potente lazo entre nuestra esfera física y la esfera psíquica. Este lazo nos centra y protege. En muchas culturas utilizan aceites esenciales como protección. Por ejemplo, los sherpas del Tíbet utilizan enebro con el que untan sus cuerdas para protegerlas en sus expediciones.

Así es como puedes utilizar aceites esenciales como protección. Puedes verter unas gotas en tus manos, frotarlas y aspirar su aroma. Yo vierto tres gotas en las palmas de mis manos, me las froto, me las acerco a la nariz e inhalo tres veces con la intención de que protejan mi energía. Luego utilizo mis manos a modo de abanicos para difundir el aroma sobre mi cabeza y mi cuerpo. También abanico con las manos la parte posterior de mi cabeza, con la intención de difundir el aroma protector por la parte posterior de mi cuerpo. Esto envuelve todo mi cuerpo en un escudo protector. A veces vierto una gota en mi cuello, otra en mi tercer ojo, otra en la parte superior de mi cabeza y una cuarta en la base del cráneo, para reforzar la protección. Los difusores de aceites son muy útiles si deseas proteger un espacio de grandes dimensiones o a varias personas al mismo tiempo.

También puedes mezclar aceites esenciales con agua y utilizar un humificador (semejante a un humificador para plantas) para rociarlos sobre tu cuerpo y/o tu ropa. Yo suelo viajar con un pequeño humificador para mantener un manto protector a mi alrededor durante mis desplazamientos. Esto limpia y refuerza mi energía, además de protegerla.

A la hora de elegir los aceites que deseas utilizar, recuerda que tu alma tiene una sabiduría innata que sabe qué aceites son los más indicados para el tipo de protección que necesitas. Por tanto, tómate un tiempo para conectar con tu sabiduría interior antes de elegir tus aceites.

Nota: aunque los aceites esenciales son una sustancia natural, algunas personas tienen una reacción alérgica cuando su piel entra en contacto directo con ellos, en especial la delicada piel de la cara. Sé prudente cuando te apliques los aceites directamente sobre la piel.

Los aceites esenciales pueden mezclarse con aceites portadores, como el aceite de jojoba, el de zanahoria, el de semillas de albaricoque o el de almendra dulce, si tienes la piel sensible y deseas utilizarlos directamente sobre el cuerpo.

Estos son algunos aceites esenciales que puedes utilizar como protección; la mayoría sirven tanto para limpiar como para proteger.

- **Abeto:** aroma fresco, puro, a madera, verde. Combina bien con neroli, aceites cítricos, pino, enebro.
- **Albahaca:** aroma herbal, dulce, fresco, verde. Combina bien con limón, hierba limón, naranja, rosa.
- **Camomila:** aroma suave, cálido, delicado (aconsejable para proteger a niños). Combina bien con rosa, lavanda, ylang-ylang, neroli.
- **Ciprés:** aroma cálido, suave, a madera. Combina bien con incienso, menta, madera de cedro.
- **Clavo:** aroma a madera, terroso, cálido. Combina bien con canela, cardamomo, naranja.
- **Enebro:** aroma a madera, verde, fresco. Combina bien con plantas de hoja perenne (como el abeto y el pino), romero, vetiver, salvia sclarea, hierba limón.
- **Eucalipto:** aroma fresco, limpio, estimulante. Combina bien con limón, menta, tomillo.
- **Incienso:** aroma cálido, a madera, dulce. Combina bien con rosa, madera de cedro, mirra, sándalo.
- **Madera de cedro:** aroma terroso, a madera, cálido. Combina bien con salvia, ciprés, incienso.
- **Menta:** aroma fresco, frío, limpio. Combina bien con pomelo, romero, eucalipto.
- **Mirra:** aroma cálido, terroso, picante. Combina bien con incienso, clavo, sándalo.

- **Naranja:** aroma fresco, limpio, soleado. Combina bien con tomillo, eucalipto, otros aceites cítricos.
- **Pachulí:** aroma cálido, terroso, a madera. Combina bien con bergamota, salvia sclarea, menta, geranio.
- **Romero:** aroma puro, fresco, picante. Combina bien con aceites cítricos, árbol de té, menta, abeto.
- **Salvia:** aroma a madera, terroso. Combina bien con aceites cítricos, madera de cedro.
- **Vetiver:** aroma cálido, a madera, terroso. Combina bien con pino, albahaca, geranio rosa.

Hay muchos otros aceites esenciales que puedes utilizar para proteger tu energía, pero estos son los básicos.

Método de protección n.° 9: Meditación y visualización

Casi todo tipo de meditación visual refuerza tu campo energético. Por ejemplo, cierra los ojos, relájate e imagina que estás en un frondoso lugar en la naturaleza. Te rodea la luz más espléndida y radiante que jamás has visto… «Mira» cómo aumenta en intensidad y poder. Imagina unas hebras de energía que fluyen de las estrellas, el sol y la tierra y penetran en la luz a medida que se hace más y más brillante…, y tú estás en el centro de la misma. Cuando abres los ojos, concéntrate en la meditación confiando en que esta luz increíble seguirá rodeándote, protegiéndote y salvaguardándote. Esta meditación es muy eficaz como protección, porque tu increíble resplandor impide que nada pueda penetrar tu campo energético.

Como práctica diaria, dedica un momento a centrarte cada mañana. Una buena forma de hacerlo es imaginar un cordón de energía que fluye de las plantas de tus pies y se hunde en la tierra. Luego, en silencio, súmete en ese lugar de paz profunda dentro de ti. Hacer esto permite que tu campo energético sea más fuerte y vibrante durante la jornada.

El siguiente es un método de protección divertido y eficaz utilizando la visualización. Imagina que hay una cremallera cósmica ante a ti, empezando en la base de tus pies. Imagina que introduces tu campo energético en una esfera energética y la cierras con la cremallera; mientras tiras de la cremallera hacia arriba, por encima de tu cabeza, puedes dejar una pequeña abertura en la parte superior para dejar que las energías celestiales desciendan sobre ti y te rodeen.

También puedes colocar la mano junto a tu hueso púbico e imaginar que sostienes una enorme cremallera; a continuación, alza la mano hasta la parte superior de tu cabeza para cerrar la cremallera y envolver tu energía.

Método de protección n.° 10: Oraciones y mantras

Decir una oración protectora puede ofrecerte una conexión inmediata con lo divino. Para algunas personas, la mejor oración es el Padrenuestro. Para otras, lo más eficaz es una oración dirigida a Cristo, a la Virgen María, a Alá, a Buda o a Yemaya. Decir una oración a tu fuente espiritual, con la intención de salvaguardar tu energía, es un método muy eficaz.

Cada vez que nosotros nos montamos en el coche para emprender un viaje largo, recitamos una oración. Parece una oración muy simple, casi infantil, pero después de hacerlo nos sentimos seguros y protegidos. Esta es la oración que recitamos para protegernos durante un viaje:

Ángeles delante de nosotros; ángeles detrás de nosotros.
Ángeles a la izquierda y a la derecha de nosotros.
Ángeles encima y debajo de nosotros.
Estamos seguros, protegidos y bien.

Luego visualizamos las alas de los ángeles que rodean a cada ocupante del coche. Otra oración que utilizo es el mantra japonés *Namu Amida Butsu*. Para mí, representa una protección poderosa e inmediata. Viví en un monasterio budista zen durante varios años, por lo que tengo afinidad con el budismo, y *Amida* es uno de los ideales más sublimes del budismo japonés. Traducido libremente, este mantra significa *Yo me refugio en la luz*. Yo misma he experimentado algunos milagros al utilizarlo. Un día mi marido, David, mi hija, Meadow, y yo circulábamos en coche, en invierno, por la cordillera de las Cascadas. De pronto nos topamos con un tramo de carretera helado, el coche hizo un trompo y se precipitó hacia el borde del acantilado. Grité «¡*Namu Amida Butsu*!» y el coche frenó casi al instante… a medio metro del precipicio. Fue un momento increíble.

En otra ocasión, me hallaba en una pequeña cafetería con Katie, una amiga, en San Luis Obispo, California, cuando de pronto se produjo un terremoto de magnitud 6,4. El suelo empezó a temblar y los objetos se caían de los estantes. Yo agarré las manos de Katie a través de la mesa, la miré a los ojos, y empecé a recitar: «¡*Namu Amida Butsu*!» A pesar del caos que estalló a nuestro alrededor, ambas experimentamos una profunda serenidad. Katie dijo que fue un momento sagrado para ella. Para mí también lo fue.

Método de protección n.º 11: *Mudras*

Un *mudra* es una forma de colocar tu cuerpo que estimula una energía especial. Muchas culturas utilizan *mudras* para activar distintos tipos de energía. Para crear un *mudra* protector debes colocarte de pie —con el peso repartido entre ambas piernas—, cerrar las manos en puños y cruzar los brazos a la altura de las muñecas con fuerza. Hazlo tres veces, con fuerza, y tu energía quedará protegida.

También hay *mudras* subconscientes que son protectores. El mero hecho de cruzar los brazos sobre tu plexo solar constituye una especie de *mudra*, que protege tu plexo solar de hebras negativas. Habrás observado que es un gesto que las personas hacen automáticamente cuando se hallan en una situación incómoda. Cuando sientas que tu energía decae, cruza simplemente los brazos sobre tu plexo solar.

Método de protección n.º 12: Ángeles, guías, espíritus guardianes y ancestros protectores

A los habitantes de la esfera espiritual les encanta ofrecerte ayuda y mantenerte a salvo. Basta que invoques a tus ángeles, espíritus guías y guardianes, y al instante acudirán en tu auxilio. Invoca al arcángel san Miguel para que te rodee de una energía protectora y benevolente. Imagina al imponente arcángel san Miguel de pie detrás de ti, con su espada de luz, protegiéndote y manteniéndote a salvo. Sus alas de luz te abrazan y envuelven en una esfera de seguridad, estés donde estés o vayas adonde vayas.

En la cultura occidental, se subestima el poder de nuestros antepasados. Sin embargo, en las culturas que reverencian y honran a sus ancestros, sus antepasados son sus abogados y protectores más poderosos. Tú compartes la línea de sangre de tus ancestros. Ellos desean ayudarte. Para utilizar las facultades protectoras de tus ancestros, basta con que lo solicites. Puedes decir con humildad: «Invoco a mis ancestros, para que me ayuden y protejan». Asimismo, si tienes un antepasado al que conocías o al que estabas muy unido cuando vivía, puedes invocarlo a él. Por ejemplo, puedes declarar: «Tío Joe, cuando vivías no soportabas las impertinencias de nadie, y yo te admiraba por ello. Deseo que me ayudes para que no sigan afectándome las impertinencias que tengo que soportar en el trabajo. Ayúdame a permanecer en mi propia energía. ¡Muchas gracias!»

Cuando invoques a tus espíritus ayudantes, recuerda que debes darles siempre las gracias. En general, sentirás su ayuda de inmediato. En el Capítulo 5 comparto más información sobre cómo invocar a los ángeles para que entren en tu hogar y en tu vida.

Método de protección n.º 13: *Earthing*[5]

En el Capítulo 1 leíste que tenemos varias hebras de energía que nos conectan con la tierra y con toda la naturaleza. Más allá de ofrecerte la posibilidad de conectar con ella, la energía de la Madre Tierra puede protegerte y centrarte.

Túmbate sobre la tierra, boca abajo o boca arriba, e imagina que trasladas tus problemas a la Madre Tierra. Visualiza filamentos de su energía que se alzan y te rodean amorosamente con fuerza. Invoca su consciencia para que te envuelva en un enraizado y poderoso manto de energía protectora.

También puedes pisar la tierra descalzo, o apoyar las manos en el suelo. Caminar descalzo sobre la arena húmeda junto al mar puede eliminar las energías negativas y reforzar tu campo energético. Si te resulta difícil salir, utiliza una planta que tengas en casa para conectar con la tierra. Toca sus hojas para enraizar tu energía. Si la energía que deseas limpiar es muy densa, puede restar vigor a la planta. Observa con atención si tu planta empieza a marchitarse. Quizá tengas que darle tiempo para que se recupere antes de utilizarla de nuevo.

La práctica de *earthing* te permite entrar literalmente en contacto con el campo eléctrico de la tierra, y sentirás cómo neutraliza todo lo que no es necesario en tu campo energético. La Madre Tie-

---

5. Práctica consistente en tomar contacto con la energía eléctrica de la tierra. (*N. de la T.*)

rra es la sanadora por excelencia, y puede sincronizar tus ritmos biológicos y llenar tu cuerpo de iones cargados negativamente. Te garantizo que funciona. En las culturas nativas dicen que, cuando uno se siente indispuesto, basta con que se tumbe sobre la tierra para reequilibrar la situación. Cuando estás equilibrado, tu campo energético es fuerte; por tanto, estás rodeado por un manto protector.

Todos los métodos descritos más arriba funcionan. Te aconsejo que los pruebes todos para comprobar cuál te resulta más efectivo.

PROTECCIÓN SUBCONSCIENTE

Algunas personas no utilizan ningún método de protección, y sin embargo están protegidas de forma natural. Cuidadores, empleados de hospicios, personal sanitario y maestros sienten a menudo que las personas que los rodean les despojan de sus energías, a menos que hayan desarrollado unos métodos de protección, muchas veces de forma subconsciente. Si trabajas en un sector donde la mayoría de las personas se sienten faltas de energía pero no es tu caso, es posible que tengas unos espíritus ayudantes muy potentes o que hayas desarrollado una especie de protección subconsciente que te mantiene equilibrado, sobre todo en los momentos en que tu energía decae.

¿QUÉ HACES CUANDO TU CAMPO ENERGÉTICO SE DEBILITA?

Si has experimentado una pérdida de energía o has sido objeto de un ataque psíquico que te ha dejado debilitado (incluso después de haber practicado técnicas de protección), puedes hacer varias cosas para restituir tu energía:

Golpear el suelo con los talones. El mero hecho de golpear el suelo enérgicamente con los talones, como si siguieras el ritmo de un tambor, promueve la eliminación de energías que no son beneficiosas para ti. Golpear el suelo con los talones al son de una música rítmica o de un tambor durante al menos 12 minutos contribuye a limpiar tu campo energético. También es eficaz escuchar el sonido de un tambor o golpear un tambor con la intención de limpiar tu campo energético.

Ducha caliente / ducha fría. Date una ducha caliente (o tibia), pero luego abre el grifo del agua fría y permanece debajo del chorro durante tantos minutos como seas capaz de soportar. Lo ideal es que te des una ducha de dos minutos con agua helada. Es muy beneficioso. Luego abre de nuevo el grifo del agua caliente, para entrar en calor, y termina con otra ducha de agua fría. Puedes repetir esta operación varias veces. Pasar rápidamente del calor al frío elimina las viejas energías. Es un poco como cuando un perro se sacude con fuerza para eliminar el agua de su pelo. El agua fría no solo produce un impacto en tu cuerpo físico, sino también en tu campo energético, de forma que las viejas energías no pueden adherirse a ti con facilidad. Asimismo, frotarte el cuerpo con sal, durante la fase caliente o la fase fría, contribuye a restituir tu energía.

PROTEGER A OTROS

Por regla general, aplicar métodos de protección sobre otros sin su autorización es una mala utilización de la energía. Indica que juzgas sus actos y crees que necesitan protección. A mí no me gustaría que alguien colocara un manto protector a mi alrededor sin mi permiso. ¿Y a ti? No lo hagas.

Sin embargo, cuando se trata de tus hijos la situación es radicalmente distinta. Envuélvelos en una amorosa burbuja de luz rosada por las mañanas antes de que partir para la escuela. Pide a los ángeles que los abracen con sus alas de luz. Adopta un árbol en su honor y pídele que los proteja y mantenga a salvo. También puedes aplicar métodos de protección a miembros cercanos de tu familia, puesto que vuestras energías están entrelazadas. Una de mis clientas aplicó un método de protección a su marido, que tenía serios problemas respiratorios y una persistente tos. También tenía problemas en el trabajo. La oficina donde trabajaba estaba inundada de energía tóxica. Mi clienta no reveló a su marido que le había aplicado un método de protección, pero al poco tiempo su tos persistente cesó, sus problemas respiratorios desaparecieron y recuperó su vitalidad en tiempo récord. Mi clienta dijo que los resultados habían sido increíbles.

Dirigir energía – Proyectar oraciones

En ocasiones puede estar indicado dirigir una energía protectora hacia otra persona. Dirigir energía es distinto de aplicar un método de protección: consiste en dirigir un flujo de energía protectora instantáneo y potente hacia otro. Es directo y deliberado..., como un láser de fuerza luminosa. Y se utiliza en casos de emergencia. Por ejemplo, si ves a un perro que se dispone a cruzar una calle por la que circula un tráfico intenso y no puedes hacer nada para protegerlo físicamente, dirige de inmediato un rayo espléndido y radiante para envolverlo en una luz protectora. Imagina que esta luz cae en cascada del cielo sobre ti y a continuación se proyecta desde el chakra de tu plexo solar o el chakra de tu corazón hacia el perro. Otro ejemplo puede ser un niño que ves en una tienda, acompañado por uno de sus padres, que le está maltratando. Quizás intuyes que si afeas su conducta al adulto eso puede causar un mayor trauma al niño (que puede ser objeto de la ira del progenitor por haber intervenido tú). Pero puedes dirigir un rayo de energía y proyectar unas oraciones que rodeen al niño y al adulto con una energía de compasión, perdón y amor.

Asimismo, si una zona del mundo sufre graves necesidades o se halla en peligro, puedes consultar Google Earth en tu ordenador, focalizar tu mente en esa zona y dirigir un rayo de energía y proyectar oraciones protectoras hacia ella. Hazlo con la firme intención de que lo haces por el bien supremo de todos.

En este capítulo has descubierto en qué consiste la energía protectora y cuándo conviene o no utilizarla. Has visto también en qué consisten los ataques psíquicos, por qué se producen y cómo prevenir o debilitarlos, y has aprendido excelentes métodos de protección. En el próximo capítulo aprenderás a permanecer en todo momento en un campo energético fuerte y equilibrado.

5

REFORZAR LAS HEBRAS QUE TE EMPODERAN

Todo en la vida es vibración.

ATRIBUIDO A ALBERT EINSTEIN

La mayoría de las personas dedican mucho tiempo a pensar en lo que no quiere y lo que no funciona en su vida. Piensan constantemente en los comentarios injustos que ha hecho su jefe, o están deseando que su vecino se mude porque les molesta que ponga la música a todo volumen, o se sienten deprimidas porque han engordado. Sin embargo, una regla de la energía es que lo que te obsesiona es lo que aumenta en tu vida. *La energía fluye en dirección a la intención.* Una persona que pasa años obsesionada con su sobrepeso suele tener siempre sobrepeso. Esto puede deberse a que no para de hablar sobre lo gorda que está, piensa en ello constantemente y se machaca por ello. Pasa tanto tiempo obsesionada con lo gorda que está, que se convierte en su realidad. Una persona que está siempre quejándose de la música del vecino está condenada a soportar ruidos molestos toda su vida.

En los capítulos anteriores has descubierto qué son las hebras de energía, cómo eliminar las que te debilitan y cómo protegerte. En este capítulo descubrirás lo que puedes hacer para potenciar las hebras positivas que te conectan con el universo y cómo mantener tu frecuencia en óptimas condiciones. Aprenderás a expandir y a fortalecer las hebras relucientes y positivas que tienes conectadas a ti. Esto te aportará más vitalidad y expandirá tu energía vital. También aprenderás a crear un refugio en tu casa para que tu campo energético personal siga siendo fuerte y vibrante.

CORDONES DE COMUNIÓN CON SERES QUERIDOS... INCLUSO A GRANDES DISTANCIAS

Me desperté aterrada.

«¡Despierta, David!», exclamé, zarandeando a mi marido para despertarlo. Me costó mucho, porque duerme como un tronco.

«¿Qué pasa?», mascculló por fin, medio dormido.

«He soñado que Heather estaba en un pequeño bote, de noche, en un mar agitado. Hacía mucho frío. Una gigantesca ola la arrojó por la borda al agua, negra y helada. Era muy real. Estoy asustada.»

«Cariño, vuelve a dormirte. Ha sido solo una pesadilla», dijo mi marido, dándose la vuelta y quedándose dormido al instante.

Pero yo no podía conciliar el sueño. Quiero mucho a mi hermana, Heather, y estaba preocupada. Algo malo le ocurría, estaba segura de ello. Empecé de inmediato a proyectar oraciones hacia ella y a rodearla de una luz blanca protectora.

Por aquella época Heather trabajaba como marinera en un buque de investigación, pero cuando tuve ese sueño yo no sabía en qué parte del mundo se encontraba. Después de dar muchas vueltas en la cama y de enviarle numerosas oraciones, por fin volví a dormirme. Por la mañana, seguí envolviendo a mi hermana en una burbuja de luz.

En aquel entonces yo no podía contactar con mi hermana cuando estaba navegando. De modo que dos semanas más tarde, cuando regresó, compartí con ella mi sueño. Tras guardar silencio largo rato, Heather me contó que la noche de mi sueño había estado trabajando en un barco frente a las islas Aleutianas, en aguas de Alaska. Once de los investigadores y los tripulantes habían desembarcado en una pequeña isla. Pero había estallado una tormenta y el violento oleaje había impedido que salieran a rescatarlos para transportarlos de regreso al barco.

Los investigadores y los tripulantes iban a quedarse varados en la playa de la isla Unimak una noche de tormenta, con temperaturas bajo cero, sin ropas adecuadas que los protegieran. Los tripulantes a bordo del barco estaban muy preocupados por que sus compañeros no lograran sobrevivir. De modo que Heather y otro tripulante tomaron la valiente decisión de ir en su auxilio en un pequeño bote hinchable (una Zodiac). Tenían que afrontar las embravecidas aguas para tratar de llevar el necesario equipo de supervivencia a la isla.

Las gigantescas olas se abatían sobre la Zodiac mientras surcaba las aguas en la oscuridad. En muchos momentos Heather y el otro tripulante estuvieron a punto de caer al mar. Mi hermana me dijo que fue un milagro que sobrevivieran. Yo quiero pensar que la energía que le envié contribuyó a que se salvara esa noche.

Este es un ejemplo de unas hebras muy especiales que yo llamo «cordones de comunión», que son lo que mantienen a la familias y a los seres queridos unidos. No solo podemos conectar entre nosotros a través de ellos, sino que nos tranquiliza saber que no estamos solos. Sabemos que contamos con el apoyo de un clan de fuerza, amor y sabiduría. Cuanto más transparentes y luminosos son estos cordones de comunión, más equilibrado te sientes.

Cuando las relaciones van viento en popa, estas hebras de conexión son hermosas, radiantes, gruesas y fuertes. En personas que mantienen un compromiso sentimental estable o que se profesan gran cariño las hebras relucen, aunque esas personas estén separadas por muchos kilómetros de distancia. El amor, la información y las emociones viajan rápida y fácilmente a través de estos cordones de comunión. Por eso un marido puede darse cuenta de que su esposa se ha lesionado al resbalarse en el hielo a la entrada de su casa aunque en ese momento se encuentre en su lugar de trabajo. O que una madre sepa que su hijo soldado corre grave peligro aunque se encuentre muy lejos en el campo de batalla. O que un mellizo percibe que su hermano se siente muy feliz aunque vivan en ciudades distintas. Los cordones de comunión nos conectan con nuestros queridos amigos y parientes, ancestros, mascotas y gurús espirituales, así como con las esferas angelicales y al Creador. La vida es armoniosa y completa cuando nuestros cordones de comunión están limpios y radiantes.

Sin embargo, a veces en las relaciones personales se produce una interferencia vibratoria que crea residuos en las hebras de comunión que nos conectan. Esto significa que, aunque el amor fluya a través del cordón de conexión, no siempre es tan limpio como debería ser. Pueden producirse interferencias de personas, lugares y objetos. Este fenómeno ha sido descrito como una especie de cinturón de asteroides vibratorio que golpea el cordón. La interferencia vibratoria que pasa a través de las hebras —como los asteroides que surcan el espacio galáctico— hace que el flujo de energía se enturbie y deteriore. De ahí que en ocasiones malinterpretemos lo que alguien dice, o creamos que nos malinterpretan a nosotros. Creemos haber enviado una comunicación compasiva y benevolente, pero cuando alcanza su destino, es malinterpretada y recibida de forma distinta a como pretendíamos.

Esta interferencia vibratoria puede provenir de otras personas, pero también puede provenir de la energía del lugar donde resides o de tu casa. En este capítulo aprenderás varios métodos que puedes utilizar para mantener tu campo energético personal fuerte y tus cordones de comunión limpios y chispeantes. A continuación te ofrezco un sencillo ejercicio para limpiar los desechos que se producen en las hebras que te conectan con un ser querido.

21 DÍAS PARA HACER QUE TUS HEBRAS RELUZCAN

Paso 1: Elige un momento específico del día en que tú y la otra persona dispongáis de tiempo. Luego elige la cantidad exacta de tiempo que dedicarás a diario durante 21 días. Puede ser desde cuatro a siete minutos; por ejemplo, cada día entre las 07.56 y las 08.00.

Paso 2: Asegúrate de que tu energía esté tan limpia como sea posible. Date una ducha o un baño antes. Si no es posible, lávate la cara, las manos y los pies.

Paso 3: Siéntate en dirección a tu ser querido, se encuentre donde se encuentre. Quizá tengas que utilizar una brújula. (Si ambos estáis en el mismo lugar físico, sentaos frente a frente.)

Paso 4: Súmete en un estado meditativo y visualiza las hebras que fluyen entre vosotros, radiantes, transparentes y fuertes. Son tan poderosas que nada puede alterarlas.

Este ejercicio es como llevar el coche a una revisión. Marcará una enorme diferencia en vuestra relación. Más adelante, si crees que necesitáis otra revisión, puedes repetirlo. Sin embargo, generalmente no es necesario que dure 21 días. Incluso unos pocos días pueden bastar para reestablecer las hebras de amor entre vosotros dos.

UN HOGAR PARA EL ALMA

La energía en tu casa afecta la energía en tu vida. La influencia más importante sobre tus hebras es el ambiente que preside tu hogar. Si quieres tener unas hebras de afinidad y unas hebras de comunión flamantes, sanas y transparentes, tienes que vivir en una casa que te haga feliz. La energía de tu casa es el factor más valioso que debes cuidar para mantener unas conexiones de vibrante energía con el mundo en general y con tus seres queridos. La energía en tu casa es una intersección entre tu universo interior y el universo exterior, y entre tu realidad interior y exterior. Puede ser un lugar de renovación y esperanza, un refugio en el que retirarte para recargar pilas en tiempos de cambio, un oasis de paz en épocas convulsas. Puede ser un lugar de sanación para cada situación y un punto focal para el poder y el espíritu. Tu casa no solo puede contribuir a reforzarte y sanarte, sino que puede ser un templo de armonía en el que todos los que penetren en él son invitados a alcanzar una frecuencia espiritual más elevada. Las hebras de energía de todos brillarán con un vibrante resplandor gracias a la energía que tú generes en tu casa.

Tu casa es mucho más que un lugar donde apoyas la cabeza y buscas confort de los elementos. Es una intersección en el tiempo y el espacio que puede atraer energía o repelerla. Y *cada* objeto en tu casa hace que tu energía aumente o disminuya o se mantenga neutra. Estos objetos pueden hacer que te sientas animado o abatido. Cada objeto en tu casa incide en tu frecuencia energética, porque tienes hebras y cordones de energía que te conectan con todos los objetos que hay en tu casa.

Conviene que infundas a tu casa un sentido de orden cósmico para aportar integridad y equilibrio a tu vida. Tu casa puede ofrecerte un refugio y renovadas esperanzas en momentos duros; puede proporcionarte un espacio sagrado en el que recordar quién eres y por qué estás ahora en el planeta. La energía de tu casa puede inducirte a perseguir una evolución beneficiosa o hacer que te quedes estancado.

Por suerte, hay diversas formas de transformar la energía de tu casa en una fuerza poderosa para siempre. Al armonizar tu casa y los objetos que contiene y eliminar los objetos que no reflejan la vida que deseas ahora y en el futuro, puedes abrir cauces en tu hogar y convertirlo en un punto de recogida de energía. A su vez, tu hogar irradiará esta energía —en forma de amor y de luz— hacia el resto del mundo.

Para convertir tu hogar en un refugio donde renovar tu energía, reponer tus recursos interiores y reforzar tus cordones energéticos, puedes hacer varias cosas:

1. Despeja tu casa de objetos inútiles.
2. Limpia los espacios de tu casa.
3. Instala un altar en tu casa.
4. Crea campos energéticos extraordinarios y vibrantes en tu casa.

MENOS OBJETOS INÚTILES, MÁS ALEGRÍA

Despejar tu casa de objetos inútiles es uno de los sistemas más efectivos para mantener tu frecuencia elevada y tus hebras limpias. Tienes hebras de energía que te conectan con cada uno de los objetos que hay en tu casa. Los objetos que tengan un significado positivo para ti, o que te regaló una persona con la que mantienes una relación cariñosa, serán cordones transparentes. Si la relación con la persona que te dio el objeto no es buena, las hebras que te conectan con ella serán turbias y fláccidas. Las asociaciones y los recuerdos que un objeto tiene para ti impactan también en las hebras que te conectan con esa persona. Si tienes en tu cama un edredón que perteneció a tu abuela, pero ella se quejaba siempre de lo dura que es la vida, es posible que exista una relación entre sus continuas quejas y el edredón. Esto puede incidir en tus cordones de conexión con el edredón y, por extensión, afectar tu sueño.

Cada objeto tiene un cordón conectado a uno de tus chakras o centros de energía. El cúmulo de objetos inútiles en tu casa te expone a un revoltijo de cordones, hebras y filamentos que bloquean tu energía. Esto puede hacer que te sientas agotada, desanimada y abrumada. Cuando las hebras de energía están obstruidas, tienes la sensación de que tu vida también lo está.

Si quieres que tus hebras vibren con fuerza vital y potenciar los cordones que te conectan con el universo, ¡despeja tu hogar de objetos inútiles! ¡Haz que la energía de tu hogar resplandezca!

Una de las formas de eliminar los cordones que te despojan de energía es deshacerte de «trastos» que asocias con una persona, un lugar o una experiencia negativa. Si crees que tu exmarido tiene hebras enganchadas a ti que deseas eliminar, pero en tu casa tienes objetos que te regaló que te recuerdan a él, ha llegado el momento de deshacerte de esos objetos. (El mero hecho de que tu ex te haya regalado un objeto no significa que te esté despojando de energía, sino que tiene asociaciones emocionales negativas que hacen que disminuya tu energía e incluso puede reforzar los dolorosos cordones entre tú y él.)

Después de un divorcio, una separación o una ruptura, uno de los lugares del que debes eliminar cualquier objeto que te perturbe es tu cama. Dormir en la misma cama que compartiste con tu ex impide que puedas distanciarte de él. Los cordones entre vosotros pueden seguir formándose de nuevo aunque los cortes. (Por supuesto, si no puedes permitirte adquirir un colchón nuevo, puedes purificar el viejo con salvia. Haz lo mismo con el cabecero y el armazón. Si tu cabecero es de madera, toma un diapasón y, después de golpearlo, apoya el extremo sobre la madera para que la vibración se propague a través de la fibra de la madera. Si la cama es de metal, utiliza una campana o un gong para purificarla.)

Desde un punto de vista espiritual, deshacerte de objetos físicos equivale a deshacerte de bloqueos y barreras emocionales en tu vida. Lo cierto es que el cúmulo de trastos inútiles puede ser una señal que indica otros problemas debajo de la superficie. También puede ser una forma de protegerte contra diversos temores (como el temor al rechazo o el temor al futuro), o puede ser el resultado de relaciones negativas, traumas infantiles sin resolver, un complejo de inferioridad, el constante afán de complacer a los demás sin atender a tus propias necesidades y muchas otras cosas.

Los cordones y las hebras que nos conectan con nuestros objetos pueden obstruir nuestra energía si no tenemos cuidado. Las hebras de energía que nos conectan con el mundo que nos rodea pueden parecer un nido de ratas si no nos deshacemos de los objetos inútiles. No basta con que te deshagas de los objetos a los que no tienes cariño y apenas utilizas. Si no vas a la *fuente* del motivo por el que acumulas trastos inútiles, volverán a acumularse una y otra vez.

Más no es mejor. Numerosos estudios demuestran que no somos más felices, sanos, inteligentes o más benevolentes porque acumulamos bienes. Vivimos en una sociedad de excesos, y nuestras casas están atestadas de objetos. Deshacernos de trastos superfluos, en tanto que actividad física, constituye un ejercicio muy útil: hay menos objetos que cuidar y limpiar y menos probabilidades de que tropecemos con ellos. Sin embargo, en un sentido más profundo, eliminar trastos inútiles puede ser un ejercicio espiritualmente empoderador, porque llega un momento en que los objetos materiales desplazan a nuestras necesidades emocionales y espirituales. Nuestros cordones están atascados debido a los residuos energéticos.

Algunas personas padecen un trastorno de conducta que las impulsa a acumular cosas. Esto no tiene nada que ver con la persona que tiene gran cantidad de objetos inútiles. Las personas que acumulan compulsivamente tienen un patrón cerebral muy específico que les crea la necesidad de acumular objetos. Es un trastorno fisiológico que requiere tratamiento psiquiátrico. La información que ofrezco aquí sobre el almacenamiento de objetos superfluos no es aplicable a las personas que padecen este penoso y debilitante trastorno.

En última instancia, no tiene que ver con los objetos, sino con el significado que conferimos a nuestros objetos. Por ejemplo, un jarrón rosa puede ser simplemente un jarrón rosa, pero si es el último regalo que te hizo tu novio antes de partir para la guerra —y no regresó—, puede representar el amor auténtico. O puede evocar en ti un sentimiento de culpa por su muerte (por ejemplo, si le animaste a que partiera). O puede significar un amor sin igual. No es el objeto en sí lo que crea el problema, sino el significado que le otorgas. Si te cuesta mantener una relación sentimental y en tu casa tienes objetos que representan relaciones anteriores fallidas, estos objetos siguen echándote en cara una y otra vez, de forma subliminal, que eres un desastre a la hora de mantener una relación sentimental. Esto, a su vez, se convierte en una profecía que se hace realidad.

En el Capítulo 2 examinaste tu cuerpo para descubrir a qué estabas conectada. Puedes utilizar el mismo proceso para examinar tu vivienda y comprobar con qué objetos y pertenencias mantienes una fuerte conexión. También puedes utilizarlo para averiguar si hay algo que merma tu energía y debas eliminar de tu casa.

Lo que para una persona representa un montón de trastos inútiles para otra tienen un significado distinto. Si estás encariñada con ellos y los utilizas, no son trastos inútiles. Por lo demás, algunos objetos que podríamos definir como superfluos en una zona de la casa quizá no lo sean en otra. Te aconsejo que examines cada objeto que tienes en tu casa y te preguntes si estás encariñada con él y si lo utilizas. Si la respuesta es negativa, quizá debas eliminarlo de tu casa. ¡Tus hebras de energía te lo agradecerán!

Cuando vives en una casa libre de objetos inútiles, es mucho más fácil desprenderte de las hebras molestas y mantener los cordones beneficiosos fuertes y transparentes. (Para más información sobre cómo deshacerte de objetos inútiles, consulta mi programa *online* «Less Clutter, More Joy» para convertirte en una *coach* experta en eliminar objetos inútiles an la página web de HayHouseU.com.)

El siguiente paso, después de deshacerte de lo superfluo en tu casa, es adecentarla y limpiar los espacios.

TÉCNICAS PARA LIMPIAR ESPACIOS

Antaño la gente comprendía la importancia de crear una sensación de armonía en sus viviendas. Desarrollaban técnicas y métodos para eliminar la energía estancada y aportar alegría y vitalidad a los espacios donde habitaban. Los métodos y las herramientas variaban de un grupo a otro, pero la intención era la misma: crear una mayor armonía y limpieza en los espacios donde vivían. Los americanos nativos utilizaban tambores y sonajas y quemaban hierbas en sus rituales. Los chinos usaban gongs, cantos e incienso. En la Europa medieval utilizaban sal y oraciones para depurar la energía. En Oriente Medio utilizaban resinas que arden lentamente, como incienso y mirra, para ahuyentar la negatividad. Algunas de estas tradiciones han sobrevivido prácticamente intactas hasta el presente. El sacerdote ortodoxo griego que balancea un incensario en una iglesia y la persona que arroja sal sobre su hombro para alejar el mal emplean antiguas técnicas que se utilizaban para purificar espacios, pero muchas otras se han perdido con el tiempo.

Hace más de cuatro décadas y media que practico el arte de limpiar y armonizar la energía en el hogar, una técnica que denomino «limpiar espacios». Cuando acuñé esta frase supuse que la gente se reiría, pensando que significaba que alguien utilizaba una escoba para barrer el espacio sideral, pero la frase prosperó y hoy en día se utiliza de forma habitual. Al margen del nombre que se utilice, las técnicas actuales para limpiar espacios tienen su fuente en las antiguas técnicas practicadas a lo largo de la historia de la humanidad.

Limpiar los espacios en tu casa limpia el espacio en tu vida

Estas antiguas ceremonias que aportaban vitalidad a las estructuras humanas generaciones atrás pueden utilizarse para infundir paz y equilibrio a los hogares y lugares de trabajos actuales. Cuando limpias los espacios de tu casa, es muy difícil que las hebras de energía molestas permanezcan enganchadas en tu campo energético. Muchas personas han comprobado que estos antiguos rituales pueden adoptarse con éxito hoy en día, y lo que es más importante, ¡han descubierto que funcionan!

Tras un siglo de rápidos avances tecnológicos, la gente está recuperando viejas tradiciones de limpiar espacios que se habían perdido. Empresas occidentales tradicionales contratan a profesionales expertos en limpiar espacios porque han constatado que esto incrementa las ventas y la productividad. Algunas de las inmobiliarias más importantes en Estados Unidos utilizan los servicios de expertos en limpiar espacios para acelerar dramáticamente las ventas de bienes inmuebles. Empresas propietarias de terrenos emplean a gentes dedicadas a limpiar y purificar espacios para que impartan bendiciones sobre los terrenos antes de empezar a construir grandes urbanizaciones residenciales. Amas de casa que hace un año no habían oído hablar de técnicas para limpiar espacios ahora hacen sonar campanas, queman salvia y entonan mantras porque han comprobado que esto crea un ambiente más armonioso y equilibrado en sus hogares.

La energía en tu hogar responde a pensamientos e intenciones

Unas hebras de energía invisibles pero muy reales están entrelazadas por toda tu casa. Tu hogar no solo es una estructura física inanimada. Es un receptáculo de campos energéticos invisibles y vibrantes, y estos campos energéticos responden a tus pensamientos e intenciones.

Cada espacio tiene energía. Tu casa no solo es un compuesto de materiales utilizados para darte cobijo, sino que cada centímetro cúbico —ya sea un espacio sólido o aparentemente vacío— también se compone de infinitos flujos y hebras de energía. Cuando entras en un espacio que hace que te sientas de inmediato animado y optimista, o en una habitación donde la atmósfera hace que te sientas cansado y sin fuerzas, respondes a la energía del entorno. Si percibes tensión y opresión en una habitación en la que se ha producido una discusión, experimentas una energía residual que puede permanecer en ese espacio mucho después de que la discusión haya concluido.

A veces la energía en una vivienda o una oficina está estancada y apagada. En tal caso puedes sentirte cansado y apático o nervioso e irritado. Sin embargo, basta con que aprendas unas sencillas técnicas para limpiar la energía de tu espacio para que se produzca una asombrosa y positiva influencia en la forma en que te sientes y en todos los aspectos de tu vida. Cuando invocas bendiciones y ayuda a las esferas invisibles del espíritu, las hebras negativas desparecen y tu corazón rebosa de una increíble magia y alegría, de forma que tu casa se convierte en un hogar para tu alma.

Los requisitos más importantes para aplicar cualquier técnica de limpieza siempre son tu intuición y los dictados de tu corazón. Cuando abras tu corazón al espíritu, este te guiará hacia las herramientas, la información y las ceremonias más adecuadas para ti.

El mero hecho de pasearte por las habitaciones más importantes de tu casa haciendo sonar una campana, quemando incienso sobre un altar o haciendo circular el humo de un manojo de salvia ardiente con una pluma a primeras horas de la mañana puede establecer un patrón de claridad para el resto de la jornada. Mientras limpias los espacios de tu casa, no es raro que se desprendan también de tu persona hebras negativas. A continuación describo los pasos que debes utilizar para limpiar espacios.

PASOS NECESARIOS PARA LIMPIAR ESPACIOS

1. **Siéntate en silencio.** Cierra los ojos y visualiza que la limpieza del espacio aportará una energía transparente como el cristal a tu casa. Tu intuición es la llave que abre la puerta de acceso al maravilloso mundo de la energía en tu casa.

2. **Bebe mucha agua.** Es imprescindible que estés bien hidratada antes, durante y después de la limpieza de espacios. El agua te ayudará a transportar energía a través de tu cuerpo y contribuirá a eliminar toda energía innecesaria que pueda haberse quedado pegada a ti durante la limpieza.

3. **Retira la comida.** Conviene no dejar expuestos recipientes que contengan comida durante la limpieza, ya que pueden absorber energía.

4. **Quítate las joyas.** Quítate las joyas, en especial objetos metálicos y pulseras, pues pueden entorpecer sutilmente tu capacidad de percibir energía durante la limpieza de los espacios. Si no puedes ha-

cerlo, no te preocupes, la limpieza puede resultar también efectiva.

5. **Concéntrate en tu intención.** Ten muy claro los resultados que deseas obtener para tu casa, para los otros ocupantes y para ti misma.

6. **Sensibiliza tus manos.** Respira lenta y profundamente. Siente la energía del espacio. Circula por la habitación o utiliza cualquiera de tus sentidos para percibir la energía de la habitación.

7. **Procede despacio.** Recuerda que debes silenciar tu mente y proceder despacio durante cada fase de la limpieza del espacio. Esto te permite percibir los sutiles flujos de energía.

8. **Siente la energía del espacio.** Una de las facultades necesarias para la limpieza de espacios es sentir los campos energéticos. Para desarrollar esta facultad, camina por la periferia del espacio muy lentamente, con una mano extendida. Fíjate en las zonas donde sientas una diferencia. Puedes sentir tu brazo pesado o ligero, cálido o frío en diversos lugares. Algunos lugares pueden producirte la sensación de estar pegajosos y otros límpidos. No es obra de tu imaginación. Estás sintiendo la energía. (En general las zonas que te parezcan pegajosas o densas son las que debes limpiar.) El secreto para que la limpieza de espacios resulte eficaz es proceder despacio, sosegar tu mente y confiar en lo que percibes.

9. **Colócate en la entrada.** Con los pies bien plantados en el suelo y el peso repartido entre ambas

piernas, colócate en la entrada de la habitación que vas a limpiar. Tómate unos minutos para irradiar tu intención en la habitación y enviar unas oraciones al Creador para que te guíe y ayude.

10. **Disuelve la energía estancada.** Toma la herramienta que vas a utilizar (la campana, el gong, el tambor, las hierbas ardientes, el humificador de aceites esenciales) y, comenzando por la entrada, camina en un círculo sosteniendo tu herramienta con la intención de crear un maravilloso remolino de energía. Por ejemplo, si utilizas una campana, hazla sonar en la entrada y da la vuelta a la habitación tocando la campana con la intención de purificar la energía de la habitación hasta que reluzca.

11. **Suaviza la energía del espacio.** Después de haber limpiado la habitación, suaviza la energía del espacio. Para hacerlo, pasa la mano delicadamente por la periferia de la habitación, como si acariciaras a un gato, hasta que sientas la energía suave y equilibrada. (También puedes utilizar un instrumento, como una pluma, para suavizar la energía.)

12. **Invoca las bendiciones.** Después de haber limpiado una habitación, imagina que se llena de luz y de amor mientras ruegas a las esferas espirituales que te guíen y ayuden. Puedes rezar en silencio o en voz alta. Este es el aspecto más importante del proceso y debes hacerlo con reverencia, respeto y devoción.

13. **Forma un ocho.** Después de limpiar una habitación, utiliza tu herramienta para formar un ocho con

el fin de sellarla y pasa a la siguiente habitación. Es preferible empezar por la planta baja de la casa e ir subiendo.

14. **Expresa la gratitud.** Cuando hayas terminado, regresa a la puerta de entrada, donde comenzaste, con espíritu de gratitud. Después de limpiar tu casa de esta forma, es difícil que penetren en ella hebras de energía negativa. También es difícil que hebras que no sean de energía positiva fluyan desde y hacia tu cuerpo.

15. **Lávate las manos.** Lávate las manos hasta el codo con agua fría. Sacúdelas unas cuantas veces para que se sequen. De esa forma eliminas cualquier energía que pueda haber quedado adherida a tus manos o tu cuerpo.

HERRAMIENTAS PARA LIMPIAR ESPACIOS

Elegir una herramienta para limpiar espacios

La herramienta que utilices para limpiar espacios es solo un vehículo para tus intenciones y oraciones. Las herramientas en sí mismas no pueden consagrar un hogar. Tu campana, tambor o gong solo sirve como punto focal para que dirijas tu energía hacia un espacio. Sin embargo, la herramienta que elijas es importante, porque, cuando sientes una estrecha conexión con ella, sirve para amplificar tus intenciones.

La elección de una herramienta para limpiar espacios es muy personal. A una persona le puede gustar el tambor y comprobar que, cada vez que oye su sonido, percibe la energía con mayor intensidad.

Otra persona quizá compruebe que quemar salvia crea un poderoso cambio de consciencia en un espacio. La mejor herramienta para limpiar espacios es la que te atrae más. Lo que pagues por ella, o de dónde proceda, no es tan importante como que a ti te guste.

Empoderar tus herramientas para limpiar espacios

Para empoderar tu herramienta para limpiar espacios, sostenla junto a tu cuerpo y visualiza que se convierte en una extensión del mismo y de tu alma. Cuando tú y tu instrumento para limpiar espacios conectáis, se produce una alquimia especial que potencia todas las ceremonias de limpiar espacios que lleves a cabo.

Limpieza de tus herramientas para limpiar espacios

Antes y después de limpiar un espacio, debes limpiar los objetos que utilices. Por ejemplo, si utilizas cristales de cuarzo, colócalos al sol o enjuágalos con agua limpia y fría para purificarlos. Puedes limpiar un tambor, una campana o una pluma pasándolos por el humo de hojas de salvia o agujas de cedro ardientes. Debes mantener los objetos que utilices para purificar espacios bien limpios y guardarlos en un lugar especial. Esto es importante a fin de conservar su frescura y vitalidad.

A continuación propongo algunas de las herramientas que se utilizan tradicionalmente. Puedes utilizarlas para limpiar tu casa y tus cordones y hebras, y también para invocar bendiciones y amor en tu hogar. Cuanto más fuerte y limpia es la energía en tu hogar, más fuerte y vibrante serán tus hebras.

Campanas

En todo el mundo se fabrican campanas muy bellas. Su sonido y los metales con que están hechas varían dependiendo de las tradiciones o sus orígenes. Cualquier campana puede ser utilizada para limpiar espacios si sientes una conexión con ella y te encanta su sonido. La historia y el folclore que rodea a las campanas llenaría un libro. Utiliza tu intuición para hallar la campana más adecuada para ti.

Cuencos tibetanos

El monje sostiene un amplio cuenco de metal en la mano. Sus dedos se apoyan delicadamente sobre la fría y lisa superficie mientras el peso del cuenco reposa en la palma de su mano. Acto seguido el monje, concentrado y deliberadamente, golpea el borde con un mazo de madera y empieza a pasarlo lentamente por el borde del cuenco, creando un sonido profundo y reverberante, potente y majestuoso. El monje cierra los ojos. Su respiración se hace más lenta y profunda. El sonido le llena hasta que siente que desaparece dentro de él. Las ondas de sonido vibran a través de él e inundan la habitación. El monje deja el mazo con suavidad y se sienta en silencio, hasta que el sonido se convierte en un murmullo... y se disipa por completo. El monje abre los ojos despacio y contempla el espacio que lo rodea. Toda la habitación parece resplandecer de energía y luz.

Los cuencos tibetanos, llamados a veces cuencos del Himalaya, provienen del Tíbet, Nepal o el norte de la India y tienen una extraordinaria capacidad de purificar la energía de un hogar. Su uso en Asia se remonta a más de 3.000 años. Estos asombrosos objetos crean una vibración sonora tan poderosa que puede dar la impresión de que los muros se desploman. La vibración del sonido parece tocarte el alma. Puede purificar tus hebras y multitud de hebras en tu casa. De hecho, algunos médicos occidentales utilizan cuencos tibetanos con pacientes de cáncer porque han comprobado que los sonidos generados pueden tener un impacto en las células malignas.

Cuando se utiliza con propósitos espirituales, el sonido del cuenco tibetano puede proyectar también poderosas formas de energía. Alexandra David-Néel, una intrépida aventurera francesa que pasó 14 años explorando el Tíbet a principios de la década de 1900, describió haber visto unos fogonazos de luz procedentes de un cuenco tibetano tocado por un lama en un remoto monasterio. El santón dijo que el sonido que emitía el cuenco podía crear formas e incluso seres espirituales. Afirmó que los pensamientos y las intenciones de una persona podían viajar a través del sonido del cuenco tibetano para crear manifestaciones de energía.

Cuencos de cristal

Los cuencos de cristal de cuarzo tienen una habilidad especial para armonizar la sutil energía de la luz en una habitación, así como tu campo energético personal. Tienen la asombrosa capacidad de eliminar cualquier hebra innecesaria, en especial las que estén conectadas a tus chakras del tercer ojo y la corona. La energía que generan es de una naturaleza casi alquímica, capaz de incrementar dramáticamente la consciencia de un espacio. Estos cuencos están hechos de sílice, el componente básico de los cristales de cuarzo, y vienen utilizándose desde hace miles de años para prácticas espirituales. Los cristales de cuarzo tienen la capacidad de transmitir información y energía y se utilizan en las radios de cuarzo originales para transmitir sonido.

El tamaño de los cuencos de cristal de cuarzo varía entre 15 y 50 centímetros de diámetro. Distintos tamaños producen distintos tonos. Estos cuencos de aspecto etéreo se tocan golpeándolos suavemente con un mazo de madera forrado para crear un sonido puro como una campana. También puedes tocarlos pasando un mazo recubierto de goma por la circunferencia del cuenco hasta que empiece a emitir un sonido. Hay que evitar que la vibración sea demasiado intensa durante largo rato, pues puede resquebrajar el cristal. El movimiento en espiral del sonido crea espirales místicas en la energía de la habitación.

La tradición chamánica de tocar el tambor

Los chamanes siempre han utilizado tambores para eliminar energía negativa, limpiar espacios y cortar cordones y lazos. Cada cultura basada en la tierra ha utilizado a lo largo de la historia tambores para limpiar energías negativas e invitar energías positivas en un espacio.

Me siento muy identificada con la tradición de tocar el tambor, y he visto los asombrosos resultados que tiene a la hora de limpiar energías. Llevo practicándola desde hace décadas, pero cuando estuve en África y pasé un tiempo con los zulúes tuve una experiencia que reforzó mi creencia en el poder del tambor. Una noche estaba sentada en el suelo de una cabaña de paja y barro en Bofutatsuana, con Credo Mutwa, un jefe espiritual de los zulúes. En el centro de su cabaña ardía una hoguera. A través de la abertura sobre el fuego en el techo de la cabaña, yo podía ver las estrellas. Parecía como si algunos de los pequeños rescoldos se elevaran flotando para unirse a esos relucientes puntitos de luz. Junto a Credo había un voluminoso y manoseado tambor que él golpeaba rítmicamente con las manos. El sonoro batir de su tambor me llenó: era como si penetrara en lo más profundo de mi ser. Nada existía salvo ese sonido. El tiempo no tenía principio ni fin. No existía la oscuridad ni la luz, ni el bien o el mal..., todo *era,* simplemente. Si es cierto que el universo se compone de un incesante flujo rítmico y cambiante de energía, el sonido del tambor me arrojó de la orilla del universo hacia el raudal de ese sonido antiquísimo y primario, que sentí que era mi hogar. Esta experiencia reforzó mi conexión con los tambores.

Para mí, el tambor ofrece una profunda vía para cortar ataduras con entidades, disolver energías malévolas, limpiar campos energéticos de hebras negativas e invitar a una energía excelente y benevolente en una habitación o espacio. He utilizado el sonido del tambor numerosas veces para eliminar energías perniciosas.

Yo fabrico tambores, de modo que tengo una conexión especial con ellos. Mi marido y yo llevamos fabricando tambores desde hace varias décadas. También los tocamos juntos. Tocamos el tambor para conectar con los ciclos de la vida, para celebrar nuestras vidas, para eliminar emociones reprimidas y para sentirnos más unidos al Creador. También enseño a tocar el tambor, y dirijo círculos de tocar el tambor. El tambor es uno de mis aliados: me lleva al centro de mi alma. Y uno de sus dones es la capacidad de purificar espacios y a personas.

El sonido del tambor forma parte de nuestro código genético: nos conecta con los recuerdos ancestrales de nuestra vida tribal colectiva alrededor del fuego. Su sonido rítmico es el pulso, el latir del corazón, del universo. Al igual que con los cantos de algunas tribus nativas americanas, dicen que el sonido el tambor abre una senda mística para que quienes lo tocan puedan conectar con nuestro Creador, el Gran Misterio. Según las tradiciones chamánicas de Siberia, el sonido del tambor crea un puente para que puedas pasar de un mundo a otro. Cuando dejas de tocar el tambor, el puente desaparece.

TOCAR EL TAMBOR PARA LIMPIAR ESPACIOS

1. **Saluda a tu tambor.** Salúdalo pasando la mano lentamente en círculo sobre tu tambor. Dirígete a él por su nombre o un título reverente, como Cantante Estrella o Latido del Corazón Materno.

2. **Sostén el tambor junto a tu corazón.** Imagina que el amor fluye hacia él. Deja que tu percepción llene el interior del tambor.

3. **Guarda silencio y deja que aumente la energía dentro de ti.** Cuando la energía alcance su nivel óptimo, exprésalo como una exclamación o empieza a tocar el tambor. Esto invoca al Espíritu y solicita su ayuda.

4. **Empieza a tocar el tambor.** Mantén la mano con que usas el palillo de tambor relajada. Tu muñeca debe estar flexible para que el movimiento emane de la muñeca en lugar del brazo. El ritmo de dos tiempos del latir del corazón —*lub-dub*— es un buen comienzo. Es un sonido primario para los humanos. Todos hemos oído este ritmo en el vientre materno.

5. **Deja que tu respiración se haga más profunda y tu cuerpo se relaje.** Deja que el ritmo emerja por sí mismo. Utiliza el ritmo que más te convenga, dejando que evolucione un ritmo natural. Confía en tu intuición. No fuerces el ritmo. Conecta con el espíritu del tambor.

6. **Toca el tambor hasta que sientas que ha purificado toda la habitación.** Tu intuición te dirá cuándo se ha completado la tarea.

7. **Forma un ocho con el tambor.** Sostén el tambor frente a ti y muévelo como si formaras un ocho frente a ti. Esto sella el círculo de energía. Cuando hayas completado el ocho, debes estar en la misma esquina o la misma zona que cuando comenzaste.

8. **Da las gracias al Creador por haberte ayudado.** Expresa tu gratitud en voz alta o en silencio. Luego, guarda silencio y deja que el Espíritu llene el espacio y te llene a ti.

Los objetos empleados para limpiar espacios se utilizan de la misma forma que para cortar cordones. La diferencia entre tambores y otros instrumentos para limpiar espacios es que los tambores pueden disolver rápidamente una energía pesada, densa y espesa. Las campanas, los carillones, los aceites esenciales, las plumas y el incienso, por otra parte, resultan más eficaces para limpiar energías más sutiles.

Sonajas: invocar al espíritu

No todos los pueblos utilizan tambores, pero el uso de sonajas ceremoniales está muy extendido. Las he utilizado. Personalmente, a mí me resulta más fácil invocar al espíritu con una sonaja que con un tambor. De alguna forma, el sonido más meloso induce en mí una percepción expandida del mundo que me rodea. Hoy en día se utilizan sonajeros para apaciguar a los bebés. Esta costumbre hunde sus raíces en las culturas nativas en las que utilizaban sonajas para ahuyentar a los espíritus negativos, por lo que creían que utilizar una sonaja con un niño lo mantenía protegido y a salvo.

Las sonajas también eran utilizadas para limpiar energías negativas y crear una energía de gracia y protección. Las sonajas nativas estaban hechas de diversos materiales, como calabazas, caparazones de tortugas, objetos de barro, cuero de vaca e incluso madera tallada, estaban decoradas con símbolos y cada parte de la decoración tenía un sentido profundo.

Al igual que los tambores eran considerados sagrados porque su ritmo creaba un puente entre el mundo físico y el mundo espiritual, la cadencia de las sonajas nativas también tiene la capacidad de alterar la consciencia y transportarnos a otras esferas.

Cuando agitas una sonaja, activas gratos recuerdos genéticos de bailar alrededor de una hoguera, y su sonido elimina suavemente cordones de energía que no son útiles para ti ni para tu hogar, e inunda tu hogar con una energía beneficiosa. El simple gesto de tomar una sonaja y pasarla por tu cuerpo mientras la agitas —empezando por la cabeza y bajando hasta los pies— puede limpiar tu campo energético y las energías que te rodean, eliminar pequeños lazos energéticos y hebras innecesarias *y* potenciar la energía de tus hebras positivas.

REFORZAR LAS HEBRAS QUE TE CONECTAN CON EL UNIVERSO

Una de las formas más eficaces de aportar una energía vibrante y equilibrada a tu hogar es mediante el uso de un altar doméstico. Los altares domésticos se remontan a los albores de la historia de la humanidad, a épocas primarias, cuando la gente habitaba en cuevas. Se han hallado altares hechos con huesos de osos y otros objetos en las cuevas. Ahora, en los tiempos modernos, existen ecos de esta práctica. Por ejemplo, un grupo de fotos sobre el piano en una casa constituye una especie de altar ancestral subliminal. Los objetos que colocas sobre la repisa de tu chimenea evocan los altares que honraban a Hestia en la Grecia antigua, donde los altares junto al fuego bendecían la casa y el hogar.

No es necesario que los altares sean religiosos; basta con que coloques juntos objetos que tengan un sentido especial para ti para revitalizar tu casa. Los altares son valiosos porque constituyen un telón de fondo espiritual para todo lo que sucede en tu casa. También sirven como un faro para invocar ayuda espiritual y luego irradiar una energía cristalina en el espacio.

Por qué son eficaces los altares

En muchos aspectos, el poder del altar reside en su aspecto visible. La estructura y los objetos sobre el altar atraen a nuestra psique porque dan forma a lo informe y son una representación visual de lo divino. Es difícil asimilar la esfera espiritual debido a su naturaleza invisible. Sin embargo, cuando colocamos objetos sobre un altar para que representen físicamente pensamientos, planes, ideas o sueños —que debido a su misma esencia son invisibles—, estos dan sustancia a tus intenciones.

La creación de un altar es un acto sagrado, un acto de poder y gracia. Durante unos minutos atemporales, cuando te colocas ante tu altar, penetras en una dimensión más allá de la realidad ordinaria, donde luz, sonido y energía se funden en un exquisito estado de ser. La creación de un altar que refuerza las hebras que te conectan con el universo es un acto sagrado. Pone en marcha fuerzas que seguirán irradiando luz y una vibrante frecuencia a través de todas tus hebras, lo cual tiene un profundo efecto sobre todos los cordones, las cintas, las hebras y los filamentos de energía que fluyen de ti, hacia ti, y dentro y fuera de tu hogar.

Crea tu altar desde cero

1. Un lugar para tu altar. Hay muchos métodos que puedes utilizar para elegir un lugar para tu altar; sin embargo, el mejor lugar es el que a ti te convenga. Ningún lugar es demasiado pequeño para crear un bello y efectivo altar. El tamaño carece de importancia. Lo que importa es la combinación de tu intención clara y tu deseo de crear un espacio bello que represente los sentimientos que alberga tu corazón. Puedes crearlo sobre un estante, la chimenea, la repisa de una ventana, una mesita de café, una cómoda o el suelo.

2. La preparación de tu altar. Después de decidir dónde deseas colocar tu altar, reúne los materiales. Elige los objetos que incluirás en el altar. Decide cómo vas a disponerlos sobre el mismo y, por último, purifica la energía de los objetos y del espacio. Decide qué sensación general deseas plasmar. Tómate el tiempo necesario en este paso, pues estás creando el marco y la energía de todo lo que vendrá a continuación.

Esta preparación es un paso muy importante en la creación de tu altar porque estableces la energía básica de tu altar desde el primer momento. La constante energía que emane tu altar dependerá del cuidado y la atención que pongas en estas primeras fases de la preparación.

3. Tu paño de altar. Tu paño de altar ofrece una especie de contexto —una base— para el resto del altar. Representa el fundamento sobre el que construyes tu altar. Los paños de altar pueden aportar una riqueza y profundidad dimensional a cualquier altar. Elige colores y texturas que te procuren el sentimiento que deseas para tus hebras de afinidad. A continuación te ofrezco algunas asociaciones comunes con los colores que puedes elegir para tu paño de altar:

- **Amarillo:** claridad mental, felicidad, alegría
- **Azul:** fe, confianza, comunicación, sinceridad, sabiduría
- **Blanco:** fuz, pureza, simplicidad, limpieza
- **Morado**: nobleza, gracia, conexión espiritual, dignidad
- **Naranja:** optimismo, conexión social, entusiasmo, resistencia
- **Negro:** fuerza, poder, elegancia, profundidad, sabiduría

- **Rojo:** actividad, valor, fuerza física, equilibrio
- **Rosa:** amor, sinceridad, inocencia
- **Verde:** arecimiento, abundancia, sanación, armonía, esperanza
- **Violeta:** conexión con las esferas espirituales y angélicas

4. Representación de lo divino. Todo altar debería contener un objeto que represente energías espirituales o divinas. Al menos uno de los objetos debería representar simbólicamente una dimensión más allá de lo ordinario de la vida. Para una persona, puede ser un objeto de la naturaleza; para otra, una imagen de un maestro espiritual o un dios antiguo; para otra, un icono de Jesús, María o el Buda. Tener en el altar un objeto que representa una esfera más allá de las esferas físicas indica que tu altar es un lugar sagrado.

5. Representación de ti (y de tus amigos y parientes). Es importante que estés representado en tu altar, de modo que coloca algo sobre él relacionado contigo. Puede ser una fotografía, pero también puedes utilizar un cristal, una piedra o un recuerdo. Puedes incluir también objetos que representen a otras personas, para asegurarte de que tienes hebras beneficiosas que fluyen entre tú y ellas. Yo he colocado en mi altar figuritas de piedra tallada a mano de una mamá osa que me representa a mí, un papá oso que representa a mi marido y un bebé oso que representa a nuestra hija. Las he dispuesto de forma que cada uno estamos frente a los otros dos, y he colocado un corazón de cuarzo rosa en el centro de nuestro pequeño círculo.

6. Dedica tu altar. La ceremonia de dedicación invoca energía sobre el altar, para activarlo y aportar una energía positiva y beneficiosa a ti, a tu familia y a tus amigos. Este es un ejemplo de una dedicación:

«Que el Creador que habita en todas las cosas bendiga esta casa. Que este altar sea un recordatorio constante de la chispa divina de alegría que habita en todos nosotros. Que la felicidad, el amor, la orientación y la paz llenen estos objetos y el altar sobre el que residen. Que estos objetos bendigan nuestro hogar con paz interior y alegría».

7. Preservar la energía de tu altar. Una vez establecida la energía de tu altar, debes mantenerla fresca y renovada para que constituya siempre una fuente de fuerza y paz para ti. Hay varias formas de lograrlo. La más sencilla —y una de las más potentes— es meditar periódicamente ante tu altar. Meditar ante tu altar purifica los objetos dispuestos sobre él, y refuerza las hebras que te conectan con tu mundo interior y exterior.

El poder de tus oraciones e intenciones infunde energía al altar, una energía que irradia hacia el universo, magnificando lo que albergas en tu corazón, convirtiéndose en una fuerza sanadora y activa en el mundo. Esta energía retorna también a ti, llenándote de más vida y paz. Es un doble proceso que puede tener un efecto increíble en tu vida, a la vez que aporta continuamente potencia a tu altar.

Piedras y gemas sobre tu altar y en tu casa

La utilización de gemas y piedras pulidas sobre altares (y en hogares y espacios personales) con fines sanadores se remonta a los albores de la historia. Las gentes creían que cada tipo de piedra o gema era capaz de generar un determinado y singular tipo de energía. Algunas activaban la sanción y eran usadas para aliviar y relajar, mientras que otras eran utilizadas para invocar vitalidad. El uso de piedras o gemas elegidas con esmero sobre tu altar doméstico puede potenciar el tipo específico de energía asociada a ellas. A continuación describo algunas de las cualidades que suelen asociarse a algunas gemas y piedras:

- **Ágata:** éxito, felicidad
- **Aguamarina:** armonía
- **Amatista:** compasión, clarividencia
- **Ámbar:** protección, sanación
- **Azabache:** equilibrio, protección
- **Citrina:** claridad mental
- **Cornalina:** estabilidad física
- **Cristales de cuarzo:** armonía espiritual
- **Esmeralda:** sanación espiritual
- **Fluorita:** armonía física, sosiego
- **Granate:** fuerza física, asertividad
- **Jade:** sanación, sabiduría
- **Lapislázuli:** espiritualidad, intuición, realeza
- **Malaquita:** poder psíquico, sanación, limpieza
- **Obsidiana:** equilibrio, protección
- **Ópalo:** claridad emocional
- **Peridoto:** sanación mental y física, rejuvenecimiento.
- **Piedra de luna:** equilibrio emocional, cualidades lunares
- **Piedra de sangre:** sanación, fuerza física
- **Prehnita:** sosiego, amor incondicional, sanación
- **Rubí:** fuerza, salud, pasión espiritual
- **Selenita:** habilidad para interpretar sueños, intuición, meditación
- **Topacio:** expansión, saber
- **Turmalina:** purificación, sanación, protección
- **Turquesa:** sanción, equilibrio
- **Venturina:** sanación
- **Zafiro:** devoción y espiritualidad

Las piedras que coges en la naturaleza también pueden ser fuentes de una energía sanadora. Asimismo, una piedra que te da una persona especial contiene la energía de esa conexión. Colocar estas piedras en tu altar es una forma de implantar esa energía en el espacio.

Ofrendas de plantas y flores

Puedes encontrar ofrendas de frutas, flores y granos en altares en todo el mundo. Estos productos se utilizan porque representan la generosidad que nos ofrece la Madre Tierra. Una jugosa naranja, un pequeño cuenco de arroz, un hermoso arreglo de coloridas flores: todas estas cosas añaden riqueza, belleza y una sensación de abundancia al altar, y en cualquier otro lugar donde las coloques en tu casa. Evocan estas cualidades, y las aportan a la energía del hogar.

INVOCAR A ÁNGELES EN TU CASA

Una de las cosas más profundas que puedes hacer para recibir bendiciones en tu casa es invocar las energías de los ángeles. A continuación te ofrezco un método muy sencillo para llenar tu hogar de radiante luz y espléndida vitalidad. Enciende una vela, apacigua tu mente y concéntrate en la intención de que los ángeles eliminen todas las hebras innecesarias de tu persona, de otros ocupantes de tu casa y de tu misma casa. Imagina a un gigantesco ángel detrás de ti, envolviéndote en sus alas de luz. Déjate ir, ríndete y confía en que todo está en orden.

Existe un secreto que hace que este método sea el más potente de todos los métodos. Para que funcione, debes creer en los ángeles y confiar en que pueden cortar todo lo que no sea necesario. Los ángeles son reales…, aunque no creas en ellos. No obstante, si crees en ellos, este método resulta mucho más efectivo.

Yo he tenido algunas experiencias relacionadas con ángeles que deseo compartir contigo confiando en potenciar tu conexión con la esfera angélica. Yo no creía en los ángeles antes de tener esas experiencias angélicas. Ahora sé que los ángeles están a un pensamiento de distancia, y que el mero hecho de que leas acerca de ellos en este libro empieza a crear unas hebras más amorosas entre tú y las esferas angélicas.

Mi primera y vívida experiencia con ángeles ocurrió cuando estuve ingresada en el hospital, a los 17 años, como consecuencia de las traumáticas heridas que había sufrido. Una noche me desperté sintiendo unos dolores espantosos. Cerré los ojos con fuerza; el más mínimo esfuerzo era como si me desgarraran por dentro. Eran unos dolores insoportables, que me asaltaban en una oleada tras otra. Rogué en silencio que alguien acudiera en mi ayuda.

Oí el rechinar de la puerta al abrirse, seguido por el sonido de unos pasos. Luego sentí una mano tomar la mía suavemente. De inmediato, el dolor remitió y experimenté una maravillosa sensación de estar a salvo. Abrí los ojos, suponiendo que vería a la enfermera o al médico que había acudido para confortarme, ¡pero la habitación estaba vacía!

Sin embargo seguía sintiendo el calor y el tacto de una mano que apretaba la mía. *Alguien* sostenía mi mano. No vi a nadie, pero sentí sus dedos y sus uñas. Era innegable. Poco a poco me invadió una sensación de paz y tranquilidad y caí en un profundo sueño. A partir de esa noche, cada vez que me asaltaban los dolores, aparecían unas manos reconfortantes que me procuraban alivio durante las horas nocturnas. A veces era una mano masculina, otras femenina. En cierto momento, recuerdo una mano menuda, como la de un niño, que sostenía la mía. Me sentí profundamente agradecida por esa presencia que ahora sé que eran ángeles.

Desde ese episodio, hace muchos años, los ángeles han aparecido en mi vida de distintas guisas. La mayoría de las veces aparecen como una repentina imagen o intuición. A veces su presencia es invisible, como cuando me hallaba en el hospital. Pero otras, en ra-

ras circunstancias, aparecen con una forma física, humana, pero con una presencia celestial.

Yo tenía 18 años. Cuando abandoné el hospital, mi vida fue muy dura. Vivía en un camping para caravanas junto a la autopista, trabajando de lavaplatos en un restaurante de carretera para reunir el dinero suficiente para ir a la universidad. No conocía a nadie y me sentía muy sola. Las noches de invierno eran especialmente duras. El viento helado y el constante ruido del tráfico que circulaba por la autopista se filtraban a través de las junturas metálicas de mi caravana. A menudo la dureza de mi trabajo y mi desesperada situación me abrumaban, y caía dormida deprimida y agotada.

Una gélida noche de invierno, hacia las 3 de la madrugada, me desperté profundamente abatida. No podía más. No quería seguir viviendo. Me invadió una fría sensación de calma, y comprendí lo que debía hacer.

Decidida a llevar a cabo mi propósito, salí de mi caravana, eché a andar por la carretera hacia el puente y al poco rato llegué a un enorme parque. El suelo estaba cubierto de nieve embarrada. Mientras atravesaba el parque, iluminado por las farolas, vi a un joven aproximadamente de mi edad sentado en un banco del parque, cabizbajo. En circunstancias normales no me habría acercado a un extraño a las 3 de la mañana en una zona tan aislada. Pero, puesto que había decido poner fin a mi vida, pensé: «¡Qué más da si trata de atacarme! En cualquier caso, dentro de unos momentos estaré muerta, de modo que no tengo nada que perder».

Me acerqué al joven y le pregunté si se encontraba bien. Él alzó la vista, me miró meneando la cabeza y murmuró: «No».

Me senté a su lado. El joven empezó a contarme los problemas que tenía en su vida, y al cabo de un rato me confesó que también había decidido arrojarse desde el puente.

Charlamos largo rato. «Eres muy joven», dije. «Estás pasando por malos momentos, pero todo se arreglará».

Más animado, el joven me dijo que yo le había ayudado mucho y me dio las gracias. Me sentí tan bien que olvidé que había decidido arrojarme del puente para morir ahogada. Di media vuelta y regresé a mi caravana. Cuando eché a andar de regreso a través del parque, observé que el sol empezaba a despuntar. La nieve embarrada y sucia que había visto antes mostraba ahora un espléndido color rosado en contraste con la tierra oscura. Cuando entré en mi caravana, comprendí que, aunque estaba pasando por una época muy dura en mi vida, las cosas mejorarían..., y era verdad.

Años más tarde, comprendí que mi encuentro con el joven no había sido fortuito. Estoy convencida de que esa fría noche de invierno me encontré con un ángel..., un auténtico ángel. Claro está, nunca lo sabré con certeza, pero ese joven siempre será un ángel para mí.

Los ángeles se presentan de numerosas guisas; sin embargo, la mayoría de las veces son invisibles. No solo he tenido la suerte en mi vida de que me visitaran unos ángeles invisibles, sino que muchas personas que asisten a mis seminarios han tenido la misma experiencia.

En cierta ocasión me hallaba en Irlanda, impartiendo un curso sobre ángeles, cuando sucedió algo extraordinario. Durante un ejercicio, pedí a los asistentes que levantaran su brazo derecho. En una esquina de la habitación había un hombre sentado en una silla de ruedas porque padecía una enfermedad muy debilitante. Para él era un contratiempo no poder levantar el brazo debido a su enfermedad, por más que deseaba seguir mis instrucciones. De pronto sintió que alguien detrás de él le levantaba el brazo. Cuando se volvió para ver quién era, comprobó que no había nadie.

No obstante, sentía los dedos de la mano de alguien sosteniéndole el brazo en alto, *y observó una marca en su brazo donde alguien se lo había sujetado.* Yo pedí a los participantes que alzaran el brazo cinco veces, y cinco veces una mano invisible levantó el brazo del hombre sentado en la silla de ruedas. Su esposa, que estaba sentada junto a él, también vio las marcas en la parte superior de su brazo, como si una mano invisible lo hubiera sostenido en alto. Cuando finalizó el curso, el matrimonio se acercó a mí, con los ojos llenos de lágrimas. Estaban convencidos de haber presenciado un milagro.

Aunque los ángeles suelen ser invisibles, también pueden presentarse en forma humana, como el ángel que apareció cuando yo tomaba un café con mi amiga Andrea en Londres. Por aquella época, Andrea era la directora de una de las revistas más importantes del mundo. Estábamos sentadas a una mesa en un pequeño y desierto café, charlando sobre nuestras cosas, cuando una mujer que aparentaba unos 70 años, muy elegante, con el pelo blanco peinado en un moño y un traje sastre de color rosa, entró en el café. Tras pedir un *cappuccino*, se acercó a nuestra mesa y nos preguntó si podían sentarse.

Andrea y yo nos quedamos atónitas. Las otras mesas estaban vacías y en la nuestra apenas había sitio para dos personas. No obstante, accedimos a que se sentara con nosotras. La mujer se sentó, depositó su café ante ella, se volvió hacia Andrea y empezó a hablar como si sus palabras fluyeran directamente de su alma hacia el corazón de mi amiga.

Los atinados consejos que ofreció a Andrea con respecto a su vida eran asombrosos. En cierto momento, Andrea y yo nos miramos como diciendo: *¡Esto es increíble!*, y cuando nos volvimos de nuevo hacia la mujer, ¡había desaparecido! Se había evaporado literalmente. Miramos incrédulas su *cappuccino*, que estaba intacto, y luego nos miramos de nuevo. Andrea se inclinó hacia mí y susurró: «¡Era un ángel!»

Yo asentí con la cabeza. «Sí, era un ángel».

Los ángeles son reales... y están aquí para ayudarnos. Están a un pensamiento de distancia. Basta con que los invoquemos. Pídeles que te ayuden a eliminar las hebras y las telarañas de energía que no te empoderan ni te son útiles, en tu campo energético personal y en el campo energético de tu hogar.

CONCLUSIÓN

Gracias por compartir conmigo este viaje sobre la naturaleza de las hebras de energía. Como he mencionado en el Prefacio, mi querida maestra hawaiana me dijo: «Cuando comprendes la naturaleza de estas hebras, te ubicas en el centro de todo lo que es real e importante en tu vida. Sabes permanecer en el centro de la gracia y el poder personal». Sus palabras me han servido de guía durante décadas. Me iniciaron en el viaje que me llevó a comprender que no estamos separados del universo que nos rodea, que formamos parte de un vasto y pulsante océano de energía que interactúa constantemente con nosotros.

No solo estamos influidos por la consciencia de este mar de fuerza vital, sino que todos somos una parte integrante, esencial y viva de él. Estamos infinitamente interconectados con todo. Grandes flotillas de hebras de energía fluyen de cada uno de nosotros hacia una esfera donde el tiempo y el espacio son una quimera, donde el pasado, el presente y el futuro existen en un continuo aquí y ahora.

El viaje para seguir nuestras hebras individuales y colectivas hasta la lejana orilla del vasto universo es un viaje bendito y sagrado. Me honra haberos acompañado en esta senda, queridos compañeros de viaje del alma, mientras hemos explorado los filamentos, los hilos, las cintas, las hebras y los cordones de energía que nos conectan con todo lo que existe en el mundo. Juntos hemos aprendido a descifrar a qué estamos fuertemente conectados y qué incide en nuestra energía haciendo que aumente o disminuya, además de numerosas formas de cortar los cordones que nos atan y aumentar y magnificar las hembras que nos empoderan.

Confío haber sido una grata compañera de viaje mientras leías este libro. Deseo sinceramente que la información que habéis obtenido en estas páginas os sea valiosa durante vuestros periplos por la vida.

AGRADECIMIENTOS

Mi más profundo agradecimiento a mi amable editora, Sally Mason-Swaab, y a la excelente editora de manuscritos Rachel Shields. Y mi inmensa gratitud a Meadow Linn, mi maravillosa hija, y a David Linn, mi leal compañero y esposo, por recordarme lo que es verdaderamente importante en la vida. Tengo una enorme deuda de gratitud con las extraordinarias Patti Allen, Terry Bowen, Nelly Chaumchuk, LuAnn Cibik, Laura Clark y Felicia Messina D'Haiti... por mantener el fuego del hogar encendido. No tengo palabras para expresaros mi gratitud.

SOBRE LA AUTORA

El viaje personal de Denise Linn comenzó como consecuencia de una experiencia cercana a la muerte que tuvo a los 17 años. Debido a unas experiencias que transformaron su vida y a su asombrosa recuperación, emprendió una búsqueda espiritual que la llevó a explorar las tradiciones sanadoras de muchas culturas, incluyendo la de sus ancestros cheroquis, los aborígenes del matorral australiano y los zulúes de Bofutatsuana. Se formó con una *kahuna* (chamana) hawaiana y con la maestra de reiki Hawayo Takata. Fue adoptada como miembro honorífico de una tribu maorí de Nueva Zelanda y vivió en un monasterio budista zen durante más de dos años.

Denise goza de prestigio internacional en el campo de la superación personal. Es autora del superventas *Sacred Space* y el galardonado *Feng Shui para el alma,* ha escrito 19 libros, que han sido traducidos a 29 idiomas, y presenta un programa radiofónico semanal muy popular. Ha participado en numerosos documentales y programas televisivos de ámbito global e imparte seminarios en todo el mundo.

Vive en California del Norte, en una montaña rodeada de pinos con su marido, David. Su hija, Meadow, es coautora de *The Mystic Cookbook.*